天津市
文物保护单位概览
（上册）

An Overview of Major Historical and
Cultural Sites Protected at the Municipal Level in Tianjin

（第一批至第五批）

天津市文物局　编著

文物出版社

图书在版编目（CIP）数据

天津市文物保护单位概览 / 天津市文物局编著. ——
北京：文物出版社，2025.6
ISBN 978-7-5010-8304-6

Ⅰ．①天… Ⅱ．①天… Ⅲ．①名胜古迹－介绍－天津
②文化遗址－介绍－天津 Ⅳ．①K928.702.1②K878

中国国家版本馆CIP数据核字(2024)第001765号

天津市文物保护单位概览

编　　著：天津市文物局

特约编辑：李克能
责任编辑：冯冬梅
摄　　影：宋　朝
封面设计：程星涛
责任校对：耿瑷洁
责任印制：王　芳

出版发行：文物出版社
社　　址：北京市东城区东直门内北小街2号楼
邮　　编：100007
网　　址：http://www.wenwu.com
邮　　箱：wenwu1957@126.com
经　　销：新华书店
印　　刷：文物出版社印刷厂有限公司
开　　本：889mm×1194mm　1/16
印　　张：34.5
版　　次：2025年6月第1版
印　　次：2025年6月第1次印刷
书　　号：ISBN 978-7-5010-8304-6
定　　价：800.00元（全二册）

《天津市文物保护单位概览》
编辑委员会

主　编：于鹏洲

副主编：徐恒秋

编　委：（以姓氏笔画为序）

白俊峰　邵　波　姚　旸　赵耀双

徐　颖　秦　欣　盛立双

编　辑：（以姓氏笔画为序）

马　英　王　虹　王文国　文　璋

刘建国　刘　健　刘福宁　齐　静

杨　新　杨晓晨　张　烨　金圣超

赵　晨　郭　洧　程绍卿

目录

序

天津位于中国华北北部，处于北纬 38° 34′ 至 40° 15′、东经 116° 43′ 至 118° 48′ 之间的海河流域九河下梢，属暖温带半湿润季风性气候。其东邻渤海，西望太行，北枕燕山，南连中原，山海分野，东西通达。因其特殊的地理位置和适宜的气候，天津自古以来就是纵通南北、横牵东西、古今贯穿、内外沟通的人文交会要地和京畿锁钥的兵家必争之地。早在十多万年前的旧石器时代，在天津北部的山区和山前丘陵地带就已经出现早期人类活动，目前考古发现确认的旧石器时代遗址就达 27 处。伴随着近万年来的海陆进退和南北文化在天津地区的碰撞交融，天津地区的人文活动由北部山地逐渐走向海洋，风雷激荡的古代烟云、御辱图强的近代抗争、民族复兴的救国之路、强国奋进的新时代征程，为津沽大地带来了勃勃生机，留下了丰富的文物遗存。第三次全国文物普查成果显示，天津市域内现有各类不可移动文物共计 2082 处，涵盖古遗址、古墓葬、古建筑、石窟寺及石刻、近现代重要史迹及代表性建筑、其他，共六大类型，是天津人文发展悠久历史的重要见证，是中华文明连续性、创新性、统一性、包容性、和平性特征的地域性体现。根据以往三次全市文物普查的情况，按照不可移动文物的历史、科学、艺术价值，通过基层推荐、专家论证、政府公布等程序，积极组织遴选申报全国、天津市级、区级三级文物保护单位，先后申报获批八批次全国重点文物保护单位，公布了五批次天津市文物保护单位，各区也确定并公布了各自区级文物保护单位，实现了不可移动文物的分级管理。目前天津市共有世界文化遗产 2 处、全国重点文物保护单位 34 处、天津市文物保护单位 220 处。

文物承载灿烂文明，传承历史文化，维系民族精神，是老祖宗留给我们的宝贵遗产，是加强社会主义精神文明建设的深厚滋养。保护好文物就是保存历史、保存城市的文脉。党的十八大以来，天津市认真贯彻"保护为主、抢救第一、合理利用、加强管理"的文物工作方针，积极践行"保护第一、加强管理、挖掘价值、有效利用、让文物活起来"的工作要求，坚持在保护中发展，在发展中保护，充分发挥文物在推动文化传承发展中的独特作用。先后出台了《关于进一步加强文物工作的实施意见》《关于加强文物保护利用改革的实施方案》《关于在城乡建设中加强历史文化保护传承的工作方案》《关于京津冀协同推进大运河文化保护传承利用的决定》等政策文件。积极开展文物保护单位的保护传承利用。开展文物保护单位现状调查，动态掌握文物保护单位保护情况，有针对性地实施不可移动文物保护工程；落实文物保护单位四有工作，划定公布天津市境内国家级、市级文物保护单位保护区划，明确文物保护单位的管理单位，建立记录档案；对国家级、市级文物保护单位设立带有二维码的保护标志牌，并刻有文物保护单位的保护范围和建设控制地带范围，方便公众了解文物保护单位的基本信息。这些措施的实施，有力推动了天津市文物保护利用工作的开展。

积极落实国家文物局《文物建筑开放导则》，推动文物保护建筑面向社会开放利用，天津市文物保护单位目前有的辟为博物馆、纪念馆，有的开放为参观游览场所，有的用作酒店、咖啡厅等多种用途，切实让文物活起来。

2024年春节前夕，习近平总书记在视察天津时强调，要深入发掘历史文化资源，加强城市历史文化遗产和红色文化资源保护，打造具有鲜明特色和深刻内涵的文化品牌，讲好天津故事，增强城市吸引力，激发文化创新力。为了增强社会文物保护意识，展现天津深厚的历史文化，天津市文物局继《天津市全国重点文物保护单位概览》出版之后，此次又编辑出版了《天津市文物保护单位概览》。本概览收录的220处文物保护单位是此前公布的五批次天津市文物保护单位情况的动态反映，也是天津市不可移动文物保护工作成果的具体体现。这些文物保护单位包括古遗址14处、古墓葬4处、古建筑33处、石窟寺及石刻1处、近现代重要史迹及代表性建筑162处、其他6处。这些文物保护单位无论是文物类型还是数量均很好地体现了天津悠久的历史和天津百年近代发展史的特点。目前，我市正在开展第四次全国文物普查工作，普查成果必将进一步丰富天津不可移动文物的类型和内涵。此书的出版对于传播普及文物知识、传承发展城市文化具有重要价值和现实意义。

是为序。

天津市政府副秘书长

天津市文化和旅游局局长、党组书记　于鹏洲

003

天 津 市
文 物 保 护 单 位 概 览

An Overview of Major Historical and Cultural
Sites Protected at the Municipal Level in Tianjin

古 遗 址

Ancient Ruins

巨葛庄遗址

巨葛庄遗址位于天津市津南区八里台镇巨葛庄村东的古海岸贝壳堤上，分布面积65万平方米，文化层厚1米。1959年首次进行考古发掘，是天津发掘较早的一处以战国时期遗存为主的遗址。发现长方形灰坑1个，出土陶器有夹云母红陶釜、夹砂红陶绳纹瓮、泥质灰陶盆、罐、豆、钵、网坠、陶拍和筒瓦、板瓦，铁器有锄、镢、凿、铲，铜器有镞、带钩和戈、剑等，另有少量蚌器和骨器。此外，还有少量汉代遗物，包括夹砂灰陶瓮、绳纹砖和背面饰菱形纹的筒瓦。

2008年，为配合城市建设，天津市文化遗产保护中心对该遗址进行了进一步考古发掘。出土物多为夹砂红陶，也有少量夹砂灰陶，器物仅见叠唇鼓腹瓮一种。另外，遗址北部发现11座清代墓葬，其中9座为家族墓，整齐排列成4排，均为土坑竖穴式，夫妻同穴合葬，随葬品有少量铜钱。

1982年，巨葛庄遗址由天津市人民政府公布为第一批天津市文物保护单位。

巨葛庄遗址贝壳堤堆积层

巨葛庄遗址原状

巨葛庄遗址现状

泉州故城

　　泉州故城位于天津市武清区城上村北约100米处，为汉代遗址。城址平面呈正方形，边长500米，面积约25万平方米。城垣在战国聚落址上夯筑，夯层厚10厘米左右，包含少量战国陶片。城内采集到泥质灰陶盆、绳纹小口陶罐、夹云母红陶釜、筒瓦、板瓦、瓦当等遗物。一陶盆残片上印有"泉州"二字戳记。按《水经·沽河注》《武清县志》等记载，此城是汉泉州县故城。

　　目前该城址地表为荒地，除乡村公路略高于地表，其余地面较为平整。

　　1982年，泉州故城由天津市人民政府公布为第一批天津市文物保护单位。

泉州故城现状

陶器（一）

陶器（二）

双龙纹半瓦当

虎纹半瓦当

刀币

三角形陶器

秦城古城址

秦城古城址位于天津市宝坻区辛务村西南 100 米处，潮白新河北岸，为战国时期遗址。该城城垣东长 658、西长 474、南长 820、北长 910 米，残高 1～5 米。城址平面呈不规则四边形，占地面积约 50 万平方米。1950 年开凿潮白新河时挖掉城址西南角。20 世纪 70 年代，在西城垣上建一处火化场。

在 1988～1989 年的调查试掘中，发现大量燕国晚期和秦代的板瓦、筒瓦、瓦当等遗物，证实秦城始建于燕国晚期，秦始皇统一中国后亦使用过此城。城内外发现数座汉墓，又证实此城废弃于汉代。试掘结论与文献记载相符。按《水经注》记载的方位和城址出土物年代，此城应为战国右北平郡郡治。

1982 年，秦城古城址由天津市人民政府公布为第一批天津市文物保护单位。

秦城古城址全景（由北向南）

秦城古城址城垣

秦城古城址城内

西钓台古城址

　　西钓台古城址位于天津市静海区陈官屯镇西钓台村西北约 400 米处，为西汉时期遗址。城址平面略呈方形，东西长 500、南北长 510 米。城垣夯筑，夯层厚 8～12 厘米。现城垣部分已被夷平，垣下压有战国时期地层。城内原为居住区，文化层厚 0.5～1.1 米，地表散布大量建筑材料和陶片，并发现密集水井，有土井、砖井和陶井圈叠置的陶井三种。采集到卷云纹圆瓦当、绳纹板瓦，筒瓦，泥质灰陶绳纹瓦、盆、豆、甑，夹砂陶瓮等残片和"李柯私印"铜印一枚。西城墙上发现小型砖室墓一座。根据《水经注》所讲方位，该城址西汉时期为东平舒故城，城址西北部为宋钓台寨寨址，寨墙残高 0.5 米，

西钓台古城址全景

城址局部现状

　　平面略呈方形，南北长 170、东西长 160 米，地表散布较多宋元时期瓷片，器形有碗、碟、盆等。古城保存一般，城垣基本无存。

　　1982 年，西钓台古城址由天津市人民政府公布为第一批天津市文物保护单位。

田庄坨遗址

田庄坨遗址位于天津市宁河区板桥镇田庄坨村西南。该遗址发现于1953年，分布面积约60万平方米，文化层厚0.2～1米。田庄坨遗址的时代跨度较长，从秦汉时期直到明清时期都有人类生活的痕迹。1979年，试掘25万平方米，出土战国时期夹云母红陶釜、灰陶绳纹罐残片，汉代夹云母红陶平沿釜，夹砂灰陶瓮，泥质灰陶罐、盆和筒瓦、板瓦以及"半两""五铢""货泉"等钱币。在一块陶瓮残片上印有"大富牢罂"四字戳记，另出土素面铜盆1件。文化层上覆盖有海相地层，地面散布有较多海生贝壳。

2014年，为配合城市建设，天津市文物管理中心对工程占压范围进行了考古发掘，发掘面积3500平方米，共发掘清理灰坑16个（战国及汉代15个、辽金

田庄坨遗址全景

时期1个）、汉代墓葬3座、辽金时期井1眼。汉墓中出土器物有陶罐、陶瓮、陶钵、陶弹丸、陶网坠、陶纺轮、铜镜、铜剑、骨笄、五铢、半两、燕刀币等。

1982年，田庄坨遗址由天津市人民政府公布为第一批天津市文物保护单位。

遗址局部（自北向南）

2014年考古发掘现场

围坊遗址

　　围坊遗址位于天津市蓟州区城关镇围坊村东北的高冈上，为新石器时代至商代遗址，面积约 8300 平方米。经 1977 年、1979 年两次考古发掘，出土遗物近 200 件，主要有石器、陶器和小件铜器等，为新石器时代到商代的文化堆积。其中新石器时代为红山文化堆积，遗物有夹砂褐陶素面筒形罐、泥制红陶敛口钵等；年代相当于商代的围坊三期文化遗物有夹砂褐陶绳纹敛口袋足鬲、喇叭状铜耳环等。

围坊遗址保护标志

陶罐

陶鬲

陶纺轮、陶网坠

围坊三期文化遗物

围坊遗址的考古发掘在当时填补了天津新石器时代考古工作的空白，为研究天津地区的早期历史提供了重要的资料支撑。

1982 年，围坊遗址由天津市人民政府公布为第一批天津市文物保护单位。

围坊遗址考古现场

围坊遗址发掘现场

邦均西周遗址

邦均西周遗址位于天津市蓟州区邦均镇东南约100米的京哈公路和邦喜公路连接处，为西周至战国时期遗址。其面积约6万平方米，文化层厚1～1.5米。经1986年、1987年两次考古发掘，发掘面积3700多平方米，共发现半地穴式房址2座、灰坑21个、水井1口、墓葬52座。

水井为西周时期遗存，上部圆形，直径5米，井腰处出台，下部平面呈方形，边长1.3米，四角立木柱，底部四周用石头垒砌。

发现西周时期竖穴土坑墓4座，东西向，出土铜鼎、铜簋各1件，铜簋腹底刻有"戈父丁"铭文，此外还有绿松石珠4颗，死者口中含白石片10块。战国时期竖穴土坑墓48座，南北向45座、东西向3座，随葬品有泥质灰陶鼎、豆、壶、"燕国釜"和铜带钩，个别墓出土铜泡、铜环、料珠等。

文化层内出土有西周时期的夹砂灰陶绳纹柱足鬲、弧裆锥足鬲、矮足鬲，泥质灰陶绳纹罐、盆、甑、簋和喇叭口状铜耳环等。

1986年，邦均西周遗址由天津市人民政府公布为天津市文物保护单位。

邦均西周遗址

遗址内发现的墓葬

遗址出土器物

南塘遗址

　　南塘遗址位于天津市滨海新区大港水库内小王庄镇刘岗庄村东北侧高台上，为汉至明代遗址。遗址平面呈椭圆形，面积为 1.4 万平方米，高出周围地面约 1.5 米。高台上有石碑 1 通（高 2.4、宽 0.9、厚 0.27 米），碑阳文字漫漶不清，仅可识读"大定□年壬子"等字，碑阴有纹饰，碑边缘有纹饰和残缺不全的文字。碑旁有莲花碑座 1 个（长 1.14、宽 0.75、高 0.5 米），石座上雕有莲花、麒麟和双兽浮雕。现高台由西南向东北倾斜，石碑四周散布有大量汉、唐、宋、金、元、明等时期碎瓦片、碎砖和残片。遗址正南 35 米处有一不规则高台，高约 0.5 米。

　　2013 年，南塘遗址由天津市人民政府公布为第四批天津市文物保护单位。

　　南塘遗址远眺

遗址石碑座

遗址砖瓦残片

当城寨址

　　当城寨址位于天津市西青区辛口镇当城村西 800 米，为宋代遗址。1974年发现，当时寨址平面呈长方形，南北长 160、东西宽 100 米，城墙夯筑，原高 6 米，地上部分已毁，只存墙基。城内地面暴露有白瓷片、泥质灰陶片、残砖瓦等。出土北宋铜钱、铁锅、铁盆和双鱼纹铜镜 1 面。根据北宋《武经总要前集》记载，该遗址应为当城寨。

　　2013 年，当城寨址由天津市人民政府公布为第四批天津市文物保护单位。

《武经总要前集》中关于当城寨的记载

青池遗址

　　青池遗址位于天津市蓟州区五百户镇青池一村西北马头山上，为新石器时代至商周时期遗址。其面积为 6300 平方米，文化层厚 1～2.4 米。1990 年、1997 年、1998 年三次考古发掘共 500 平方米，发掘出新石器时代、商、西周三个时期的遗存。出土物以新石器时代遗物为主，石器有磨盘、磨棒、斧、锛、砍砸器和少量细石器，陶器有夹砂红褐陶之字纹筒腹罐、盆、豆、圈足碗、褐陶鸟首状支脚形器和夹蚌壳素面红陶盆等。商代遗物有夹砂褐陶绳纹鬲和钵。西周时期遗物有夹砂灰陶绳纹叠唇平足鬲和罐等。

　　2013 年，青池遗址由天津市人民政府公布为第四批天津市文物保护单位。

青池遗址远景

青池遗址近景

西大佛塔遗址

西大佛塔遗址位于天津市蓟州区官庄镇西大佛塔村西。根据出土青砖判断，西大佛塔的修建年代为晚唐至辽代。从各遗迹的叠压关系看，该塔曾经三次修建。该遗址现为不规则形大土台，高于周围地表约6米。

2006年天津市文化遗产保护中心曾对其进行抢救性考古发掘，发掘面积810平方米，出土了磨砖、瓦当、铜钱、绿琉璃建筑构件、瓷碗、陶罐残片等。发掘中还揭露了大部分塔基，塔基平面自外及内由方形基岩台基、方形夯土基座、八角形夯土基座等几部分组成，外部都包有青砖。方形基岩台基是在自然山体上整修而成；方形夯土基座和八角形夯土基座均以黄沙土为原料，采用排夯的方法夯制而成。

西大佛塔遗址八角形夯土基座

塔基采用的内部八角形夯土基座，外部砌砖，重修时又在外部夯土加固的建造方法十分奇特，为我国现存唐、辽佛塔所罕见，对于我国佛塔建筑研究具有重要意义。

2013年，西大佛塔遗址由天津市人民政府公布为第四批天津市文物保护单位。

八角形夯土基座外残存的砖基

正法禅院遗址

　　正法禅院遗址位于天津市蓟州区盘山五峰之一的紫盖峰下，为清代遗址，占地面积5万平方米。其始建于唐代，清康熙年间改名正法禅院，乾隆年间更名慈因寺，俗名古中盘。

　　原建筑依山坡修建，分上下数处。其中大殿坐西朝东，长40、宽20米，现仅存部分墙垣。东北角原有清朝行宫，已毁。周围石刻较多，尚存杜立德撰《创建盘山古中盘正法寺碑记》、康熙御笔诗碑各1通。另有35尊摩崖石刻佛像，乾隆、嘉庆御笔诗摩崖石刻和"门外峰"石刻等。据传还有《古中

正法禅院遗址碑刻

盘正法寺修建塔院碑记》碑 1 通,清康熙十五年(1676 年)立,现埋藏于盘山古中盘塔院遗址。遗址中有散落的残方砖构件,行宫处有直径 1.8 米磨盘 1 个,巨石下左边有古井 1 眼,右边有池 1 口,东南处有石洞 1 处。

2013 年,正法禅院遗址由天津市人民政府公布为第四批天津市文物保护单位。

磨盘和古井遗存

佚名题"说法台"摩崖石刻

残存的墙垣基址

正法禅院遗址塔林（一）

正法禅院遗址塔林（二）

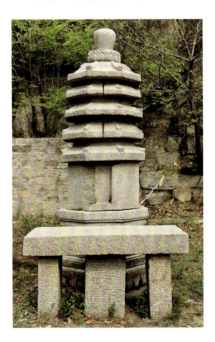

正法禅院遗址塔（一）　　　　正法禅院遗址塔（二）　　　　正法禅院遗址塔（三）

静寄山庄遗址

静寄山庄遗址位于天津市蓟州区官庄镇联合村北，为清代遗址。静寄山庄始建于清乾隆九年（1744年），又经乾隆、嘉庆、道光诸朝陆续修筑，呈现出仿承德避暑山庄式布局。据姚文翰《盘山图》（现藏于台北故宫博物院）中所示，山庄内有景观一百余处，主要景点有盘山"内八景"，即静寄山庄、镜圆常照、太古云岚、众音松吹、层岩飞翠、四面芙蓉、清虚玉宇、贞观遗踪。此外还有池上居、半天楼、农乐轩、小普陀、雨花室、冷然阁、小石城等。现地面建筑已毁，建筑基础、残存部分宫墙也都有不同程度的损毁。眼镜湖（池上居）、石海（小石城）等少数景点，以及半天楼、朵云亭、擦云亭、石佛殿、冷然阁、小普陀等建筑基址皆清晰可辨。残存的十几段宫墙，显示出行宫范围。另外，遗址范围内有乾隆御制诗摩崖石刻15处和"青牛"题记等9处，计500余字。还有石砌御井1眼，现还有水。遗址上大都被村

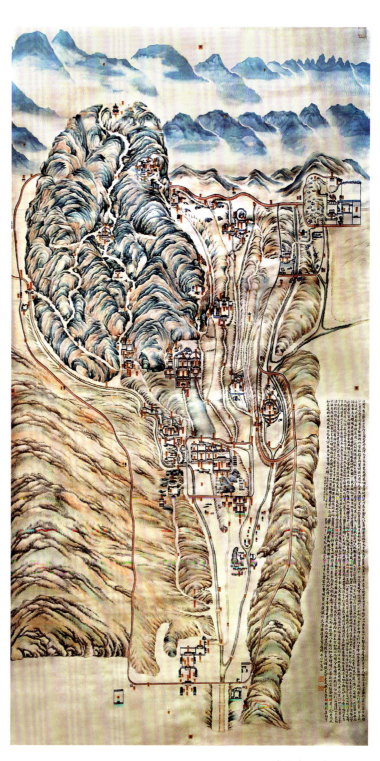

民国时期绘静寄山庄全景图

千像寺附近静寄山庄残墙

虎皮墙

池上居

众音松吹

民盖上房屋，平整成果园或农田，仅山庄南麓仍存完整遗址。

行宫主体部分经过 10 年建设，形成周长 500 余米，占地约 2 平方千米的规模，堪称清代京城外第一大皇家园林。各景点虽然功能与主题不尽相同，规划组织却重点突出，脉络分明，可谓形散而神聚，体现了当时驾驭大型皇家园林空间经营的高超造园水平。它历经乾嘉两朝 76 年的使用，在道光朝之后日渐荒废，是研究清代历史文化的重要例证。

2013 年，静寄山庄遗址由天津市人民政府公布为第四批天津市文物保护单位。

"千尺雪"石刻

晾甲石

"青牛"石

张官屯窑址

　　张官屯窑址位于天津市静海区陈官屯镇张官屯村南，为明代遗址。窑址分布面积为25万平方米，主要散布在北至张官屯、南至吕官屯、西临大运河、东至张官屯村东土路的范围内。该遗址现已为平地，且种植树木作为储备林。遗址内地表零星可见残碎城砖。近年来曾在遗址内采集到城砖，部分城砖印有铭文，包括"河间府静海县新庄""成化十七年六月初一日静""成化十九年任丘县窑厂造""弘治十四年任丘县"等，已由静海区教育博物馆、陈官屯运河博物馆等处收藏。经初步考古勘探发现，该遗址地下现残存砖窑24座（均残），主要沿运河河堤东侧集中分布；此外，还发现有取土坑、水井、储灰坑、活动面等各类附属设施，基本构成了一个完备的城砖烧制体系。

　　明嘉靖《河间府志·卷之八·财赋志》"窑厂·静海县"条下："窑二座，坐本县城南新庄村，共地二顷四十七亩，东至大道，南至李官屯，西至

张官屯窑址全景

窑址地貌环境

卫间。见存四间，看厂夫二十名。""任丘县"条下："窑三座，坐新庄厂，共地一顷三十二亩。东至官道，西至卫河，南至吕官营，北至静海窑厂。原立厂房十五间，看厂夫十五名。窑地钱友佃种十六亩，天津卫军余刘创佃种四十四亩，于劝佃种四十亩。"清乾隆《临清州志・卷之九》"附临砖"条下亦有关于官窑产砖经天津、西沽等处运往通州的记载，据此可初步判定，此处遗存为明代河间府治辖的静海县和任丘县所设为营建北京城烧制城砖的官窑厂遗址，建造和使用年代应为明代早期到中期之间。

张官屯窑址是目前天津市内发现的一处保存较为完整、历史记载明确的明代官窑城砖烧造地，为探讨明清以来北京城营建过程中所需建筑材料的来源及生产运输等问题提供了重要依据；同时作为大运河天津段运河遗产的重要组成部分，全面深入研究该窑址，对于深入挖掘大运河文化带的丰富内涵具有重要价值。

2020 年，张官屯窑址由天津市人民政府公布为第五批天津市文物保护单位。

天津市文物保护单位概览

032

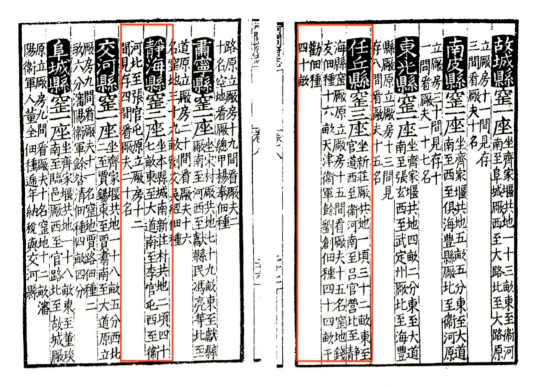

明嘉靖《河间府志》中关于静海县和任丘县官窑的记载

砖窑窑壁的红烧土堆积

窑址散落的残碎城砖

窑址采集的部分铭文砖

天津市
文物保护单位概览

An Overview of Major Historical and Cultural
Sites Protected at the Municipal Level in Tianjin

古墓葬

Ancient Tombs

别山汉墓群

　　别山汉墓群位于天津市蓟州区别山镇二里店子村西，地处面积近 100 万平方米的高地上。20 世纪 50 年代调查时，尚有 30 余座封土堆，高约 6、直径约 20 米，《蓟县志》记载称"七十二冢"，现已夷平。1979 年试掘 3 座封土堆，墓室皆长达 15 米以上，分前、中、后三室和左、右耳室。其中一座墓的后室，内砌石室，外套砖室，顶部有长方形藻井，饰浮雕莲花，墓内随葬石榻、石供桌，并出土了一批铜、玉、银、琥珀、鎏金、陶质珍贵文物。

　　1982～1983 年考古发掘 1 座封土堆，发现 3 座砖室墓，结构基本相同，由前、中、后室和左、右耳室组成，全长约 30、宽 15 米，绳纹砖砌筑。出土铜镜、铜剑、错金铁刀和 2 套铜车马器，泥质灰陶壶、盂、盘等明器，猪、狗动物俑，"七窍"殓玉和五铢钱等。1988 年、1990 年，为配合大秦铁路二期和蓟县电厂建设工程，进行两次考古发掘，清理土坑墓和砖室墓共 22 座。其中土坑墓 2 座，皆单棺，仅存残余棺板灰，为仰身直肢葬式。砖室墓 20 座，分单室墓和多室墓。单室墓平面为长方形，一般长 4～6、宽 2～4 米。多室墓又分大型墓和小型墓，大型墓长 14、宽 10 米左右，前室平面为正方形，后室平面为长方形；小型墓长 7、宽 3 米左右，由主室和耳室组成。出土陶质罐、盆、盘、案、奁、灶、井、鸡、鸭、猪等生活用具和明器以及五铢钱等。

　　1982 年，别山汉墓群由天津市人民政府公布为第一批天津市文物保护单位。

别山汉墓群现状远景

别山汉墓群（自北向南）

2000 年别山汉墓封土

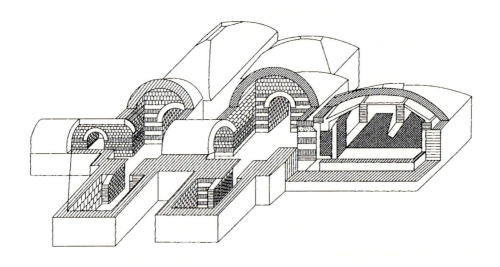

别山汉墓三室砖石墓透视图

1979 年别山汉墓出土的玉猪

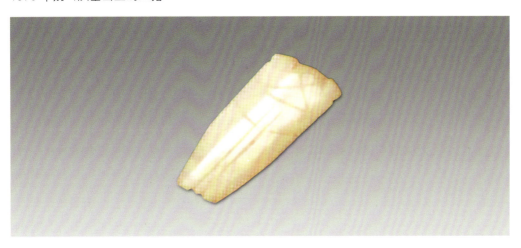

1979 年别山汉墓出土的玉玲

1979 年别山汉墓出土的铜熏炉

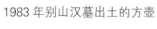

1983 年别山汉墓出土的方壶

1988 年别山汉墓出土的陶灯

1983 年别山汉墓出土的陶厕

邦均汉墓群

　　邦均汉墓群位于天津市蓟州区邦均镇后街北,盘山南麓丘陵地带,为汉、辽时期墓群,面积约100万平方米。新中国成立初期,曾发现大量绳纹砖。1956年,在郭家坟一带,仍存有高大的封土冢。1956年3月,农民在这一带打井时发现古墓40多座,连同过去发现的古墓共有70余座,出土有灶、奁、耳杯、壶、鼎、勺、井、盘、俑、猪、熊等陶器及五铢钱。随即,通县专署向河北省文管会报告,4月,河北省文管会派员调查,发现大规模汉代墓群。1973年4月22日,河北省文化局文物处和蓟县文物保管所发掘小型砖室墓29座,绳纹砖砌筑,随葬品有壶、奁、罐、盒、灶、盘等泥质灰陶器。

　　1989年,修建大秦铁路取土时发现并清理汉墓10座、辽墓1座,出土随葬品164件。其中单室墓9座,皆为绳纹砖砌成长方形墓室,由墓道、墓门、甬道、墓室构成。墓内多发现铁钉。棺内一般都放置五铢钱数十枚,位于手部的五铢钱呈串状并用细纹布包裹,其余的散放在死者身下。主要随葬品集

邦均汉墓群现状

汉墓砖室遗存

汉墓墓门

汉墓发掘旧照

中放置在墓室南端或墓门处，包括瓮、罐、盆、勺、盘、案、奁、匜、耳杯、鼎、炉、仓、灯、井、鸡、猪、狗、羊、猪圈等陶器。此次发现进一步丰富了邦均汉墓群的文化内容和价值内涵。现墓群部分区域为农田和果园，西南部建有民房，大秦铁路、京秦铁路从墓群范围内穿过。

1982年，邦均汉墓群由天津市人民政府公布为第一批天津市文物保护单位。

清代皇家园寝

清代皇家园寝分布于天津市蓟州区境内的东北部山区。园寝的主人多为清朝皇室的重要人物，有亲王、郡王、贝子品级的皇族要员，也有权倾朝野的朝廷重臣。主要包括端慧太子永琏园寝、荣亲王园寝、裕宪亲王福全园寝、纯靖亲王隆禧园寝、直郡王允禔园寝、多罗恂郡王允禵园寝、敬郡王永皓园寝、理密亲王允礽园寝 8 处。这些园寝与清东陵仅一山之隔，事实上是清东陵的一部分。将园寝修建在东陵附近，都是经皇帝恩准的，是一种特殊荣耀。这些园寝虽久弃荒废，地面建筑不复存在，地宫也被盗毁，但基址尚存，是研究清代历史文化不可多得的文物资源。

端慧太子永琏园寝位于孙各庄满族乡朱华山村西、朱华山南麓，为清代乾隆年间园寝，占地面积 5700 平方米。据《清史稿·永琏列传》记载，永琏为清高宗（乾隆）与孝贤纯皇后富察氏所生之子，生于雍正七年（1729 年），

端慧太子永琏园寝

薨于乾隆三年（1738年）。园寝北距荣亲王园寝330米，绕以朱垣，平面略呈长方形，南北长114、东西宽50米。原建有享殿，现仅存基址。享殿和地宫平面皆为方形，享殿边长约为14米，地宫边长9米。

荣亲王园寝位于下营镇石头营村北的黄花山下，为清代顺治年间园寝，面积5700平方米。荣亲王为清世祖（顺治）与孝献章皇后董鄂氏所生第四子，生于顺治十四年（1657年），薨于顺治十五年（1658年）。《清史稿·世祖本纪》记"未命名"，死后追封为荣亲王。园寝平面近似长方形，绕以朱垣，东、西、南三面齐直，北墙外弧，南北长114、东西宽50米，园内自南向北设有门楼、享殿、东西配殿和地宫。地面建筑已残毁，现仅存基址。

荣亲王园寝（1966年）

荣亲王园寝

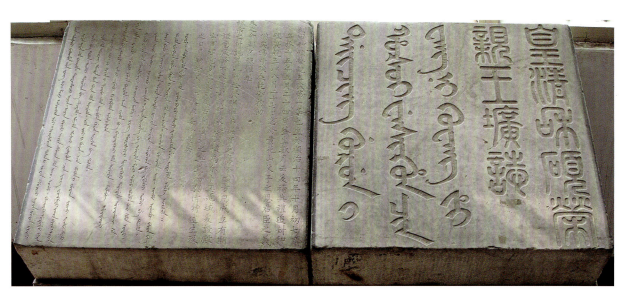

和硕荣亲王圹志

裕宪亲王福全园寝位于孙各庄满族乡太平村北，为清代康熙年间园寝。该园寝是黄花山下诸亲王园寝中规模最大、等级最高的一处，面积11088平方米。福全为清世祖章皇帝（顺治）与宁悫妃董鄂氏所生第二子，生于顺治十年（1653年），薨于康熙四十二年（1703年）。园寝位于理密亲王园寝西110米，外环朱垣，平面近长方形，北墙外弧，南北长176、东西宽63米，原建有碑亭、享门、东西配殿、享殿和地宫，现仅存基址。碑亭、享门基址平面皆为正方形，边长15米，与享殿和地宫用隔墙分开。享殿基址长22.4、宽16米，前有露台。地宫长14、宽9.2米，用汉白玉砌成，周围砌双重垣墙。有康熙十九年（1680年）立石碑1通，螭首，龟趺座，通高4.9、宽1.4、厚0.6米，康熙御制，碑文满汉文合璧，记述和硕裕宪亲王生平。现园寝基址保存较好，地表有散落的砖、瓦、石构件。

裕宪亲王福全园寝

裕宪亲王福全墓碑

裕宪亲王福全墓碑正面

裕宪亲王福全墓碑碑座局部

裕宪亲王福全园寝石构件遗存

裕宪亲王福全园寝遗存及洞口

裕宪亲王福全园寝洞口

裕宪亲王福全园寝石构件遗存（一）

裕宪亲王福全园寝石构件遗存（二）

纯靖亲王隆禧园寝位于下营镇石头营村，为清代康熙年间园寝，面积5376平方米。隆禧为清世祖（顺治）与庶妃钮氏所生第七子，生于顺治十七年（1660年），薨于康熙十八年（1679年）。园寝位于裕宪亲王园寝西100米，平面近似长方形，南北长112、东西宽48米，外环朱垣。原有享殿，现仅存基址，东西长24、南北宽14米，露台踏跺御道铺有大型石雕"龙凤石"。地宫周围砌双层垣。前有石碑1通，康熙二十年（1681年）立，螭首，龟趺座，通高3.5、宽1.1、厚0.4米，游龙纹框边。额篆"敕建"二字，碑文楷书，满汉文兼刻。首题"和硕纯亲王谥靖隆禧碑文"，康熙御制，记载和硕亲王情况。现园寝基址保存较好，地表有散落的砖、瓦、石构件。

纯靖亲王隆禧墓碑

纯靖亲王隆禧墓碑正面

纯靖亲王隆禧墓碑局部（一）

纯靖亲王隆禧园寝龙凤石

纯靖亲王隆禧墓碑局部（二）

纯靖亲王隆禧园寝柱础遗存

纯靖亲王隆禧墓碑局部（三）

多罗贝勒弘明墓碑

　　直郡王允禔园寝位于下营镇石头营村，为清代雍正年间园寝，面积5160平方米。《清史稿·圣祖本纪》载：允禔为清圣祖康熙之子，生于康熙十一年（1672年），薨于雍正十二年（1734年），康熙三十七年（1698年）封为直郡王。园寝位于隆禧园寝西150米，环以朱垣，平面近似长方形，北垣外凸，南北残长120、东西宽43米。原建有享门、享殿，现尚存享殿基址，长24、宽16米，殿前有露台。地宫长13、宽10米。地宫前有甬道，长24米，通向享殿。地宫门前有封门墙一道。在地宫西北5米处有一小墓，砖砌，平面呈圆形，直径2.5米，是允禔子多罗贝勒弘明之墓。有碑1通，乾隆三十二年（1767年）立，通高3.1、宽1、厚0.36米，螭首，额篆"敕建"二字，碑文楷书，满汉文兼书，乾隆御制，记载弘明"尝掌旅于八旗"的史实。现园寝依稀可见夯土痕迹，地表有散落的砖、瓦、石构件。

多罗恂郡王允禵园寝位于下营镇石头营村，为清代乾隆年间园寝，面积4176平方米。允禵为圣祖仁皇帝（康熙）与孝恭仁皇后所生第十四子，生于康熙二十七年（1688年），薨于乾隆二十年（1755年），乾隆十三年（1748年）封恂郡王。园寝东距允禔园寝60米，平面略呈长方形，南北长116、东西宽36米。原有享殿，现存基址，边长16米。地宫平面呈方形，边长12米。南端东西两侧各有1座陪葬墓。有墓碑1通。乾隆二十七年（1762年）七月初八日立，螭首，龟趺座，通高4.35、宽1.28、厚0.55米。碑文楷书，满汉文兼书，乾隆御制，首题"多罗恂郡王碑文"，记载多罗恂郡王为乾隆之叔，表示哀悼之情。现石碑保存较好，另有许多石构件和青砖被居民码放在院外。

　　敬郡王永皓园寝位于穿芳峪乡果香峪村西，为清代乾隆年间园寝，面积2000平方米。敬郡王永皓是恒温亲王之孙，薨于乾隆五十三年（1788年），园寝大部分已不存在。现仅存地宫，地宫为石砌，地宫口长3、宽1.5米。

恒敬郡王园寝券门石

恒恪亲王弘晊园寝、恒敬郡王永皓园寝及恒王家族墓

恒敬郡王永皓园寝神道桥（1986 年）

理密亲王允礽园寝位于孙各庄满族乡黄花山南麓，为清代雍正年间园寝，面积 26600 平方米。允礽为清圣祖仁皇帝（康熙）与孝诚仁皇后赫舍里氏所生第二子，生于康熙十三年（1674 年），薨于雍正二年（1724 年）。《清史稿·世宗本纪》载："癸未，废太子胤礽，薨，封理亲王，谥曰密。"园寝位于荣亲王园寝西 84 米，朱垣环绕，平面近似长方形，北面外弧，南北长 140、东西长 190 米，自南向北设有碑亭、享门、东西配殿、享殿和地宫。现地面建筑已毁，仅存基址。享门和享殿平面呈正方形，边长分别为 16 米和 18 米。地宫用青石条砌成，南北长 10、东西宽 8 米，券顶。东侧院有陪葬墓 1 座，西侧院陪葬墓 2 座。原存石碑 1 通，雍正七年（1729 年）立，螭首，龟趺座，通高 4.85、宽 1.4 米，首题"敕建密亲王碑"。碑文汉、满文对照，记载雍正之兄允礽患病和殂逝情况。1927 年以后，园寝逐渐被盗卖一空。石碑于 1971 年被毁。

　　2013 年，清代皇家园寝由天津市人民政府公布为第四批天津市文物保护单位。

小刘村宋元墓葬群

小刘村宋元墓葬群位于天津市静海区子牙镇小刘村，为宋元至明清时期墓葬群。2012年3月，此地域内挖掘排水沟时，发现大量青砖，经初步调查后基本确认，在小刘村村北地下埋藏多座古墓葬。2012年10月9日天津市文化遗产保护中心考古人员对相关埋藏区域进行考古勘探，探区平面呈近似长方形，南北长380、东西宽240米，勘探面积为91200平方米；因探区西北部发现墓葬群，故向西侧扩探，扩探区域南北长332、东西宽70米，勘探面积为23200平方米，总勘探面积为114400平方米。本次考古勘探共发现古墓葬63座、烧窑1处、灰坑3处、现代渣土坑1处。根据其墓葬形制判断，其中宋代墓葬36座、元代墓葬20座、明清时期墓葬7座，且排列整齐，具有一定的规律，应属于家族墓葬。如此众多的宋元时期家族墓葬，在天津尚属首次发现，是目前为止规模最大、保存最为完整的宋元时期古墓葬群，也

小刘村宋元墓葬群全景鸟瞰

小刘村宋元墓葬群现状

墓葬群遗存砖石

是天津宋元时期最具代表性的地下遗存之一。同时古墓葬及烧窑范围明确，内涵清楚，价值突出，对研究这一时期的历史文化具有不可替代的实物价值。

2020年，小刘村宋元墓葬群由天津市人民政府公布为第五批天津市文物保护单位。

天 津 市
文 物 保 护 单 位 概 览

An Overview of Major Historical and Cultural
Sites Protected at the Municipal Level in Tianjin

古 建 筑

Historic Buildings

玉皇阁

　　玉皇阁位于天津市南开区东门外玉皇阁大街 12 号，海河西岸，古文化街东侧。玉皇阁建筑群始建于明初，宣德二年（1427 年）重建，历经明、清多次重修。阁内外原由旗杆、牌楼、山门、前殿、清虚阁、三清殿、钟鼓楼、八卦亭和南北斗楼等组成。现仅存主体建筑清虚阁 1 座，坐西朝东，梁架结构具有明代风格特征，是天津市区现存年代最早的木结构楼阁。清虚阁占地面积 297.14 平方米，建筑面积 285.04 平方米。台基以砖石砌筑，高 1.35 米。阁楼共两层，底层面阔五间，进深四间，正中设踏跺九级；上层面阔三间，进深二间，周边出廊，以方形檐柱、宝瓶式栏杆围绕；屋顶为九脊歇山顶，黄琉璃瓦绿剪边。作为道教庙宇，清虚阁内原供奉道教神祇牌位，现仅存明代玉皇铜像 1 尊。

　　1982 年，玉皇阁由天津市人民政府公布为第一批天津市文物保护单位。

玉皇阁正立面

玉皇阁老照片

玉皇阁夜景

匾额

侧面

二层栏杆

椽头及檐下彩画

宝瓶栏杆

垂脊和垂兽、走兽

二层吻兽

正脊吻兽

阁内玉皇像

一层内景

文庙

　　文庙位于天津市南开区东门内大街2号。文庙又名孔庙，是旧时奉祀孔子的庙宇，也是天津学宫所在地，因与祭祀历代名将的武庙相对，故称文庙。

　　该建筑群始建于明正统元年（1436年），初建时只有大成殿，经明清两朝不断修缮、增建，形成现在的规模。现文庙由并列府、县两庙及明伦堂三部分组成，主要建筑有牌坊、万仞宫墙、泮池、棂星门、大成门、大成殿和

礼门义路牌坊

礼门义路牌坊檐下斗栱及枋心彩画

崇圣祠。此外，庙前东西两侧有明万历年间（1573～1620年）建的两柱三楼式过街木构牌楼各一，额题"德配天地""道冠古今"。建筑群占地面积12107平方米，建筑面积3243平方米，是天津现存规模较大的宫殿式建筑群。大成殿为文庙主路最重要的单体建筑，面阔七间（26.6米），进深三间（11.74米），砖木结构，单檐九脊歇山顶，上置黄琉璃瓦。殿前设月台，上置汉白玉望柱栏板，台前设踏跺和御路。

1982年，文庙由天津市人民政府公布为第一批天津市文物保护单位。现作为天津文庙博物馆使用。

泮池石栏板

棂星门

大成门

大成门垂脊

大成殿

大成殿斗栱及枋心

大成殿内檐匾额

大成殿翼角

大成殿垂兽

大成殿正吻

配殿正吻

大悲院

大悲院位于天津市河北区天纬路 40 号，因供奉观世音菩萨而得名，是天津市区年代较早的佛教十方丛林寺院。据《大悲院记》记载，该建筑群于清顺治十五年（1658 年）由禅人世高募化，天津卫守备曹斌捐资修建。清康熙八年（1669 年）重建，此后几经变迁，李鸿章的淮军曾在此驻扎。民国二十九年（1940 年）扩建东院。1954 年天津市政府拨款修葺。1966 年之后作为工厂使用，佛像法器荡然无存。1976 年唐山大地震，寺院损毁严重。1978 年天津市人民政府为保护文物和落实宗教政策，依原貌重修庙宇。寺院坐北朝南，主要由山门、天王殿、大雄宝殿、大悲殿、东西配殿等建筑组成，占地面积 10600 平方米。

2003 年，在大悲院商业区改扩建中将原山门、大悲殿、东跨院等建筑拆除，并按照传统汉传寺院规制进行了改扩建，建有钟鼓楼、大雄宝殿、药王殿、地藏王殿、大悲阁、藏经楼等建筑，占地面积 41965 平方米。现大悲院中仅天王殿、释迦殿、西跨院为历史遗存建筑。其中天王殿为单檐歇山顶，面阔三间，进深两间，砖砌拱券门，砖雕精细。释迦殿为单檐歇山顶，面阔五间，进深一大间加前后廊。西跨院多为硬山卷棚顶三开间建筑。

1982 年，大悲院由天津市人民政府公布为第一批天津市文物保护单位。

大悲院全景

天王殿

天王殿细部

释迦殿正立面

释迦殿内景

清真大寺

清真大寺位于天津市红桥区小伙巷大寺前街8号，始建于清康熙四十二年（1703年）[《红桥区志》记载为清顺治元年（1644年）]，后历经多次修葺、续建，形成如今规模，是天津现存规模最大的清真寺。

建筑群整体坐西朝东，由照壁、门厅、礼拜殿、讲堂和沐浴室等建筑组成。门前照壁以砖石砌筑，壁面镶汉白玉石匾"化肇无极"四字，为清肃亲王手书。门厅面阔、进深各三间，青瓦硬山顶，明、次间各开砖雕拱券门1座，后檐接出卷棚廊厦，廊柱间置坐凳栏杆。礼拜殿为寺内主体建筑，以四组建筑勾连搭构成：最前为卷棚顶抱厦，面阔三间，进深一间，廊柱间置坐凳栏杆；中部为两座庑殿顶大殿，面阔五间，进深六间，门外以石筑望柱栏板围绕；后面大殿面阔七间，进深三间，殿顶并立亭式阁楼5座。中间阁楼最高，

门厅

八角攒尖青瓦顶，两旁阁楼较低，均为六角形。南、北两端阁楼檐下悬"望月""喧时"匾额。讲堂设在庭院的南北厢房内，均面阔三间，进深一间，青瓦硬山顶。讲堂以西各附耳房，供接待、休息使用。北跨院为沐浴室。殿堂内外砖雕木雕装饰工艺精细，多为花卉图案。寺内有阿拉伯文、汉文匾额、楹联共计 61 方，保存完好。

1982 年，清真大寺由天津市人民政府公布为第一批天津市文物保护单位。

照壁

照壁匾额

大殿正立面

大殿背立面

对厅

大殿翼角

大殿内景

大殿内檐

天成寺舍利塔

　　天成寺舍利塔位于天津市蓟州区官庄镇莲花岭村北盘山风景名胜区内，天成寺大殿西侧。始建年代不详，辽天庆年间（1111～1120年）和明代重修。

　　该塔为八角密檐十三级实心砖塔，高22.67米，占地面积150平方米。沟纹砖垒砌，石砌台基，八角形束腰须弥座上砌仰莲三层，承托八角亭式塔身。塔身八面均有仿木结构的砖砌门窗，门为四抹隔扇，窗为斜方格纹，八角形

天成寺舍利塔全景

倚柱，墙面起颐，砌出阑额和普拍枋。各转角出五铺作斗栱一朵，补间施斗栱一朵，承托高大的十三层叠涩檐，檐缘亦出颐，轮廓略呈卷杀，造型简洁秀丽。

塔前立明崇祯四年（1631年）《天城兰若重修舍利宝塔记》碑1通，记载比丘尼释如方于明万历四十四年（1616年）云游至此，见有辽天庆年间重修碑，记载塔藏舍利3万余粒，遂生修缮之意，刺血书写经文，前后七得信徒资助。于崇祯四年开塔修葺，见舍利二千。如方撰文。1979～1981年，重修天成寺大殿、配殿、三间殿及江山一览阁等，与天成寺舍利塔一并开放。

2017年，天成寺舍利塔实施修缮工程，内容包括塔身剔凿挖补、门窗修补、角梁添配、塔顶修复等。

1982年，天成寺舍利塔由天津市人民政府公布为第一批天津市文物保护单位。

塔身

出檐

塔顶

莲座

定光佛舍利塔

定光佛舍利塔位于天津市蓟州区官庄镇砖瓦窑村西北盘山风景名胜区内。塔建于盘山最高峰挂月峰峰顶，唐代始建，辽大康（1075～1084年），明成化（1465～1487年）、嘉靖（1522～1566年）、万历（1573～1620年）与清乾隆（1736～1795年）年间均有大修。该塔为八角密檐实心砖塔，通高19米，占地面积120平方米。石砌八角形须弥座，上雕一周莲花。塔身明代重修，为砖砌八角形，转角立圆柱，每面镶明代石雕像三尊，砖雕仿木结构窗棂。塔身上起叠涩檐，檐下施斗栱，塔顶上立宝珠。塔座上有同治十一年（1872年）钱塘濮庆孙和李湛、宣统二年（1910年）福州林绍年、宣统三年（1911年）江安傅增湘、民国时期刘寿昌等题记题诗。塔前有嘉庆御制诗碑一通。旁边山崖上有乾隆御制诗和其他石刻多处。

1982年，定光佛舍利塔由天津市人民政府公布为第一批天津市文物保护单位。

定光佛舍利塔远景

定光佛舍利塔全景

塔身石雕

莲座局部

壶门佛龛

蓟县古长城

明长城天津段全部位于天津市蓟州区北部山区。东迄蓟州区与遵化市交界的钻天峰，与河北省遵化市马兰关长城相接，向西经赤霞峪、古强峪、船舱峪，折向西北的常州沟，经东山、刘庄子、青山岭、车道峪、小平安，向西穿沟河，过黄崖关，经前干涧村的黄土梁大松顶出蓟州区界，折向西北，与北京市平谷区将军关相连。全线横跨了下营镇的赤霞峪、古强峪、船舱峪、常州、东山、刘庄子、青山岭、车道峪、小平安、黄崖关、前干涧 11 个自然村。

蓟县古长城始建于隋朝，明洪武十四年至成化二年（1381～1466 年）是主要建设期，除车道峪寨外，其余一关六寨和两座营城均建于这一时期。

黄崖关口是蓟州区境内唯一一座关城，修筑于明永乐二十一年（1423年），位于下营镇黄崖关村北、沟河西岸的台地上。其方位为正南北，平面呈刀把状，西高东低，依山傍水。关城设东、西、南三座城门和一座城台。清代因蓟镇长城起着拱卫京师的作用，在黄崖关仍有驻军镇守，关城内的衙署也得到部分修复。现关城城墙保存较好，北墙长 149 米，东墙长 235 米，南墙长 204 米，西墙长 267 米。城墙下部垒砌条石或石块基础 2～3 层，上部用砖包体，中间用碎石、土等填充。

明成化十二年至万历十九年（1476～1591 年）增筑了长城边墙，后建设了诸多空心敌台，这期间弘治十一年（1498 年）、嘉靖二十四年（1545 年）、嘉靖二十七年（1548 年）、嘉靖三十年（1551 年）、嘉靖三十六年（1557 年）、嘉靖三十八年（1559 年）、隆庆元年（1567 年）、隆庆四年（1570 年）等均有修葺和增建。万历四年（1576 年）开始对边墙、敌台包砖。

蓟州古长城是明代蓟镇长城的重要组成部分，1985 年由天津市人民政府公布为天津市文物保护单位。

黄崖关段长城远眺

黄崖关城全景

黄崖关牌楼

黄崖关城楼

黄崖正关

黄崖关段长城城墙

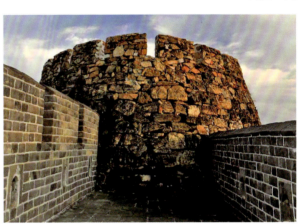
黄崖关段长城圆敌台

黄崖关段长城敌台

文昌阁

　　文昌阁位于天津市西青区杨柳青镇元宝岛东岛，南运河南岸。始建于明万历四年（1576 年），后历经明、清及近代屡次毁后重建，现仅存文昌阁单体建筑 1 栋。现存建筑建在高大砖砌基座之上，基座边长 5、高约 2.5 米，正面出月台，四周有砖栏板。阁身高约 14 米，分为三层，每层出檐，阁顶为六角攒尖顶，檐角各坠风铎，结构灵巧，造型别致。阁内原供奉文昌帝君像，因而得名，为杨柳青三宝之一。清光绪四年（1878 年），杨柳青镇刘光先、石元俊等人曾在此创立崇文书院。

　　新中国成立后，对文昌阁进行过数次修缮，最近一次修缮于 2018 年。

　　1991 年，文昌阁由天津市人民政府公布为第二批天津市文物保护单位。

文昌阁远眺

文昌阁正立面

首层翼角

首层砖檐

阁顶内檐

阁顶细部

二层翼角

二层檐部

首层入口

周公祠

周公祠位于天津市津南区小站镇会馆村东，为清末名将、"小站稻"拓植人周盛传的家祠，原称全神庙。周盛传，安徽合肥人，清同治十一年（1872年）奉李鸿章之命率九千淮军屯驻小站，屯田试种成"小站稻"。

周公祠现存建筑三幢，均面阔三间，进深两间，穿斗式梁架，前出廊。中间大庙于1919年改称为新农寺，供轩辕神位。东殿为武壮公祠，祀周盛传。西殿为刚敏公祠，祀周盛传之兄周盛波。在刚敏公祠山墙上，镶有"新农镇周公祠"石志1方，长0.74、宽0.5米，民国八年（1919年）正月刻，记以六百七十亩租地作永祭田，周家驹、周家鼎立。另外，院中新立石碑3通，一通刻"新农寺"，一通刻"周武壮公祠"，一通刻"周刚敏公祠"。

1994～1995年，财政拨专款对周公祠进行整体维修。2015年，再次对周公祠进行了全面修缮，使其三大殿恢复了历史风貌。

1991年，周公祠由天津市人民政府公布为第二批天津市文物保护单位。

周刚敏公祠正立面

新农寺正立面

新农寺侧视

周武壮公祠正立面

石经幢

石经幢位于天津市宝坻区商业街北头十字路口。其始建于辽代，共七层，幢顶为铜铅合金宝珠，有"石幢金顶"之美誉，现为"宝坻八景"之一。

石经幢通体由石件垒砌而成，通高 11.6 米，由基座、幢身和宝顶三部分组成。基座包括三层方形台基和两层须弥座。三层台基最下两层为素面，第三层周身刻释迦牟尼本生故事，共 28 幅（现残缺八幅半），北面东侧在明正德年间重修时将两幅并一幅，实存 18 幅半。幢身存六节，八面体。第一、二节刻千佛像，周围立八根龙纹浮雕石柱；第三节为清光绪元年（1875 年）修葺时重刻的清康熙二十年（1681 年）《重修石幢记》，记此幢为辽"开圣天辅皇帝""齐天宣德皇后"祈福而建；第四节刻《佛顶尊胜陀罗尼经》；第五、六节刻佛站像。每节之间有石刻伞盖，第五节伞盖亦作须弥座式，刻供养人及供品图案。宝顶上立铸铁刹杆，上安铜质摩尼宝珠。

据史志记载，该经幢自建成后数次倒塌，多次修葺。曾于 20 世纪 60 年代被人为损毁，后来经搜集部分原幢件重修复原，于 1988 年 12 月竣工。此幢虽经多次修葺，但多数构件仍为辽代原物。

2009 年 10 月，在石经幢周围安装了汉白玉护栏加以保护。2019 年对石经幢的部分残损构件进行了替换或修补，目前保存状况良好。

1991 年，石经幢由天津市人民政府公布为第二批天津市文物保护单位。

石经幢全景

　　福山塔位于天津市蓟州区河湾镇段庄子村东南福山山顶，辽代修建。该塔为八角五层楼阁式仿木砖塔，砖石结构，高 21 米。基座为八角形，由五层条石垒砌，高 1.6 米，上建束腰须弥座，正南面须弥座中央镶嵌"古浮屠"三个大字，落款为"中华民国甲寅乙巳四村敬立"。其他面另镶中华民国三年（1914 年）"福山塔重修记事碑"一通，记载福山塔重修情况。八面转角各置斗栱一朵，五铺作重栱计心造，上面挑出平座，置勾阑，栏板之上为塔身。塔身为八角形亭式，南面辟门洞，砌出门楼，单坡硬山顶。东、北、西三面砌雕砖仿木结构假门，其余四面各雕小塔两座。塔身上出五铺作双抄斗栱，承托伸出的叠涩檐。塔身上为三层实心仿木结构楼阁式砌体，层层叠涩内收，并减低高度，周遭砌栏杆、窗棂。

　　1996 年，天津市文物局拨款对其进行了一次大规模修缮，现保存完好。

　　1991 年，福山塔由天津市人民政府公布为第二批天津市文物保护单位。

福山塔全景

石额

塔室

福山塔近景

砖仿木斗栱

砖雕细部

附：民国三年福山塔重修记事碑（略）

县之偏东域六十里头百户有福山，福山南古今之胜境，有塔不知始自建于何年。历代久远，行将破败。有名麟字福佟者，不忍坐视，为修塔而居此处，登塔教乞四方善士，募化捐资而修塔一新。四庄合会人等为记此重修而镌石为记。

岳□庭书　中华民国三年孟夏四村公立

多宝佛塔

多宝佛塔又称少林寺塔，位于天津市蓟州区官庄镇砖瓦窑村，盘山少林寺东。少林寺原名法兴寺，始建年代不详。元初被道士所占，改名栖云观。延祐五年（1318年）嵩山雪庭福裕禅师改其名为少林寺，又称北少林。少林寺包括寺、塔两部分。寺已毁。塔原位于寺内，为古佛舍利塔，名多宝佛塔。多宝佛出自《法华经》中之佛名，又译大宝佛、宝胜佛、多宝如来，依《法华经》卷四《见宝塔品》所载，此佛为东方宝净世界教主。元代此塔被道士毁坏，明崇祯十七年（1644年）重建时移至寺东，清顺治九年（1652年）竣工。塔为八角十三层密檐式，高26米。石砌基座，须弥座上承托砖砌塔身。南面辟门，内设佛龛，门洞上方嵌"多宝佛塔"石匾，东、西、北三面砖雕假门，其余四面雕隔扇窗。第一层檐下设砖雕斗栱，每面两朵，檐上铺瓦件小兽。密檐之间作矮层塔身，东、西、南、北四面设方窗。

多宝佛塔

多宝佛塔自建成后未做修缮，整体残损严重。2017年首次修缮过程中，佛塔八层密檐南部佛龛的封砖脱落，佛龛内发现铜质鎏金佛造像1尊，就此展开抢救性发掘，共清理出土文物57件套，包括造像42尊、佛塔模型3件、丝织品2套、铜饰1件、木龛（盒）3件、佛珠1套、铜钱5套（万历通宝、崇祯通宝、顺治通宝）。

1991年，多宝佛塔由天津市人民政府公布为第二批天津市文物保护单位。

多宝佛塔远眺

渔阳鼓楼

渔阳鼓楼位于天津市蓟州区渔阳镇十字街口。其始建于明洪武四年（1371年），正德、嘉靖、清道光年间重修。鼓楼坐北朝南，占地面积450平方米。基座为砖筑城台，长方形，底边东西长23.41、南北宽14.86、高6.1米，正中辟拱形券门，沟通南北。台顶四周砌雉堞，正中建砖木结构城楼1座，面阔三间（11.35米），进深两间（7.6米），四周出回廊，青瓦歇山顶。前檐悬"古渔阳"匾额，为康熙二十三年（1684年）蓟州牧张朝琮题；后檐挂"畿东锁钥"匾额，为道光十四年（1834年）蓟州牧华濬重修鼓楼时书。另有道光十六年（1836年）《重修鼓楼碑记》碑1通，高1.22、宽0.52、厚0.18米，圆首，额顶部两侧浮雕云纹，额题"钟灵毓秀"四字，碑文楷书，记载康熙十八年（1679年）地震鼓楼毁坏和重修的情况，华濬撰文。

"古渔阳"匾额

保护标志

正吻

翼角

渔阳鼓楼是天津地区仅存的钟鼓楼建筑遗存。

2018年，对渔阳鼓楼实施了修缮，包括重做室外楼梯基础、重做城台地面、揭瓦城楼屋顶、更换糟朽木构件等。

1991年，渔阳鼓楼由天津市人民政府公布为第二批天津市文物保护单位。

渔阳鼓楼正立面

渔阳鼓楼背立面

鲁班庙

　　鲁班庙位于天津市蓟州区渔阳镇府后街 1 号，始建于清康熙年间（1662～1722 年），光绪三年（1877 年）重修。主体建筑按照官式建筑修建，坐北朝南，砖木结构，由山门、大殿和配殿等组成，占地面积 890 平方米。大殿面阔三间，进深一间，前出廊，木柱采用铁糙木，檐下施一斗三升交麻叶斗栱，角科宝瓶下出单昂。屋顶为九脊歇山顶，绿琉璃瓦剪边。院内存清光绪重修公输子庙碑 2 通。各地祭祀鲁班，往往附设于某建筑物一隅，蓟州区独建鲁班庙，为国内少见。

　　1933 年春，中共迁（西）遵（化）蓟（县）中心县委在迁安组织暴动失败，县委书记李子光不顾国民党政府通缉，曾在鲁班庙创建"一分利"文具店，党员王崇宾、王坤载、杨瑞师以店员身份为掩护，在此从事革命活动。

　　1991 年，鲁班庙由天津市人民政府公布为第二批天津市文物保护单位。

山门

鲁班庙院落全景

大殿

大殿入口

大殿左次间内景

大殿右次间内景

大殿内鲁班雕塑

大殿翼角

大殿吻兽

大殿梁架

配殿

泰山行宫

泰山行宫位于天津市东丽区大毕庄村,始建年代不详。有道光十九年(1839年)立《重修碑记》碑1通,方首,篆额"乐而义捐"四字,记载康熙三十七年(1698年)、乾隆三十九年(1774年)、道光十年(1830年)、道光十七年(1837年)四次修葺情况。

泰山行宫为两进院落式布局,由山门、前殿、后殿和东西两庑组成,占地面积750平方米。前、后殿均面阔三间,进深三间,抬梁式构架,屋顶分别为悬山和硬山顶。1992年,市、区财政拨款,对该庙进行维修。后殿落架,在原址基础上加高0.5米后重建。

2017年,对泰山行宫进行了整体修缮,包括整修建筑本体、调整院落铺装排水、安装三防设施等。

2013年,泰山行宫由天津市人民政府公布为第四批天津市文物保护单位。

山门

山门背立面

大殿　　　　　　　　　道光十九年《重修碑记》碑

山门持国天王塑像

山门多闻天王塑像

山门广目天王塑像

山门增长天王塑像

安家大院

安家大院位于天津市西青区杨柳青镇估衣街28号。该建筑群始建于清同治年间（1862～1874年），与津西名宅石家大院北门相对，由两进四合院组成，小式硬山做法，厢房为拱券式门窗。

宅院主人安文忠，字荩臣，生于清咸丰二年（1852年），卒于1942年。清光绪年间（1875～1908年），刘锦棠勘定新疆，募民实边，人罕应者，荩臣独喟然曰："男儿郁郁里居，致晨昏无以为欢，何如致力边域，以辟其疆乎？"此时正逢阿古柏在新疆地区发动叛乱，朝廷任命左宗

砖雕装饰

安家大院院落内景

正门

棠为钦差大臣督办新疆军务。安文忠跟随大军先锋刘锦棠部，为其提供日常补给，收复了西北失地。安文忠"西行沙漠数千里，越天山瀚海而至伊犁……相地势，利时机，有无相通，精神互助，察其习俗，戒其诈虞，遂使荒寒之广野，不十年而成巨镇"。

新中国成立后，安家大院曾作为民居和机关办公使用，其间拆改了院内部分房屋。2004年由私人购买，进行修缮，举办"赶大营"展览和个人收藏展，向观众开放。安家大院内正门楼等处砖雕，以及院内安家当年地窖、20世纪60年代的战备地道均保存完好。

2013年，安家大院由天津市人民政府公布为第四批天津市文物保护单位。

入口影壁

107

拱券砖雕装饰

一进院落北房内景（一）

一进院落北房内景（二）

地窖入口

安氏家祠

　　安氏家祠位于天津市西青区杨柳青镇施医局胡同 2 号。原为清代民居，民国二十四年（1935 年）被安文忠购得并充作家祠，用以祭祀祖先。安文忠，字荩臣，生于清咸丰二年（1852 年），卒于 1942 年，是杨柳青人到新疆"赶大营"的首倡者。

　　安氏祠堂为一路两进四合院，占地 631 平方米，建筑形式采用小式硬山做法。正房为七檩前出廊，五开间，布瓦屋面。三栋配房也为布瓦屋面，做马鞍脊。东南角开一"金柱"大门，门内有"一字影壁"一处，院内西北角有民国二十三年（1934 年）王人文记、戴文熙书的《安氏家祠记》碑 1 通，主要记述了安文忠的生平及改建家祠的初衷，原文载："……辄慨然以族谱虽已粗定，家祠尚未期成，无以妥先灵为憾。决于明春三月，将自购杨柳青施医局胡同瓦房一院，改建家祠。拟定向北正房三楹，以奉祀历代宗祖；配房二楹，为岁时祭祀族众集合会餐、祭馀及保存族谱、收贮文物之室。粗具规模，不求崇丽，示后世以俭。"

　　2013 年，安氏家祠由天津市人民政府公布为第四批天津市文物保护单位。

安氏家祠院落

108

正门

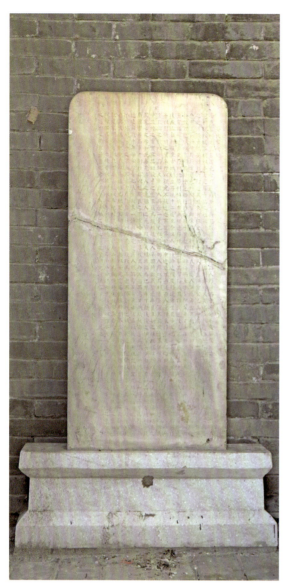

《安氏家祠记》碑　　　　　　　　　　院内影壁

正房

倒座

董家大院

　　董家大院位于天津市西青区杨柳青镇猪市大街 19 号，始建于清光绪三年（1877 年），由董兆荣修建。董家自明永乐年间迁来杨柳青，后经营聚德、裕盛两家。建筑群采用轴线对称式布局，五间两进双跨路四合院建筑，占地面积 1200 平方米，建筑面积 686 平方米。整个建筑群均采用小式硬山做法，正房均面阔五间，进深一间，布瓦屋面、清水脊，厢房则为马鞍脊。其中，东侧第二进院保存最为完整，室内露明造，角背雕花，后檐明间设一推拉门通向房后过道，所有窗心有木雕花饰，建筑采用青石台明、青石陡板，砖雕透气孔。

　　2013 年，董家大院由天津市人民政府公布为第四批天津市文物保护单位。

内部院落

南房内檐

大门

南房梁架

窗棂装饰

山墙砖雕细部

砖雕博缝头

砖雕墀头

辛庄慈云寺位于天津市津南区辛庄镇高庄子村西，始建于明崇祯二年（1629年），是由李氏八世祖李国桢、李国祥、李国祚三兄弟修建的家庙。民国时期扩建配殿和山门。

该寺为四合院式建筑群，坐北朝南，占地面积653平方米，建筑面积319平方米，自北向南依次为山门、东西配殿及耳房、大殿及东西耳房。山门东侧开安澜门，西侧开福海门，山门上方刻慈云寺。大殿面阔三间，进深一间，硬山人字脊，前出抱厦，殿前出月台，大殿梁上有明崇祯年题记。1949年以前，该寺曾供奉菩萨、文昌及药王。新中国成立后，作为高庄子小学分校，塑像被毁后改为教师宿舍。1998年后，教师迁出。

慈云寺是津南区珍贵的明代始建的古建筑群，对研究当地的建设史和民俗文化具有重要价值。

2016年，市、区文物部门对慈云寺进行了考古清基和修缮，清基中发现了明代的台基。

2013年，辛庄慈云寺由天津市人民政府公布为第四批天津市文物保护单位。

慈云寺航拍

慈云寺入口远景

院落内遗址发掘现场（一）

院落内遗址发掘现场（二）

大殿北墙壁画

大殿东墙壁画

大殿西墙壁画

津东书院旧址

　　津东书院旧址位于天津市津南区葛沽镇东大街 48 号，创办于清同治十三年（1874 年），原占用文昌阁、佛爷庙、药王庙三座建筑。文昌阁、佛爷庙毁于 20 世纪 60 年代，现仅存的药王庙面阔三间，进深一间，抬梁式结构，青瓦硬山顶，占地面积 99 平方米。庙东西墙上有卧墙石碑 2 通，为清雍正七年（1729 年）刻《皇恩宪德万民感念碑记》。另立有光绪三年（1877 年）津东书院碑 1 通。1996 年，于旧址处先后修建了天后宫、财神庙等民俗建筑，并成立了葛沽镇民俗文化中心。1999 年，对药王庙实施落架大修。

　　2013 年，津东书院旧址由天津市人民政府公布为第四批天津市文物保护单位。

津东书院旧址正立面

大诸庄药王庙

　　大诸庄药王庙位于天津市北辰区大张庄镇大诸庄村。明代始建,清代重修。原有前后殿和东西配殿,现仅存后殿,明三暗六,五架抬梁式,硬山人字脊,长 11.3、宽 8.05 米,建筑面积 180 平方米,额匾楷书题"有求必应"四字,内部梁架上仍保留有彩画。新中国成立后初期废庙兴学,后在"一平二调"过程中遭破坏。1976 年唐山大地震中东墙倒塌。

　　2015 年,天津市文物局、北辰区政府共同拨付专项资金对其进行修缮。大诸庄药王庙作为民间信仰的活动场所,在大诸庄附近地区具有一定影响力,亦是天津有一定历史的医药文化庙堂,属于乡土建筑不可或缺的重要门类。

　　2013 年,大诸庄药王庙由天津市人民政府公布为第四批天津市文物保护单位。

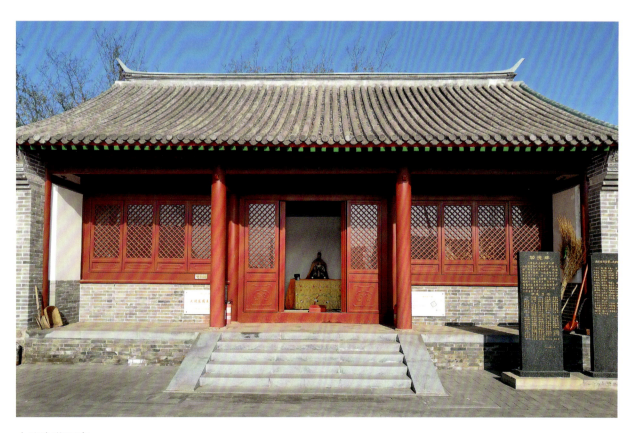

大诸庄药王庙

宝坻大觉寺

　　宝坻大觉寺位于天津市宝坻区城关镇东街 12 号，俗称东大寺。该寺始建于辽重熙年间（1032～1054 年），明、清皆有修葺。据清乾隆《宝坻县志》载："大觉寺，在县东街，亦辽重熙时建，为神僧洪源常住。其法嗣又建弥陀殿与两庑及藏经所。冶钟建楼，工制瑰丽。其钟即襄讹为南海浮来者也。旧志以为金建，亦误。"原有山门、钟鼓楼、大雄宝殿、西跨院、配房等，占地面积约 3500 平方米。现仅存罗汉堂和十间配房。

　　罗汉堂系明代梁架，面阔三间，进深三间六架椽，建筑面积 240 平方米。抬梁式，露明造，四阿顶出檐深远。台明高 0.5 米，台基下铺 1 米条石散水。现遗存石碑 2 通：一为《重修大觉寺碑记》碑，明崇祯二年（1629 年）立，今仅存碑身，高 1.45、宽 0.7、厚 0.2 米。首题"重修大觉寺碑记"，碑文楷书，

罗汉堂

略述大觉寺建于宋庆历年间（1041～1048 年），为宝坻大观，因艰于修葺，胜迹摧残剥落，明天启年间（1621～1627 年）由住持僧河崟等殚力营缮，历三年始竣。张奇勋撰，吴可原篆，薛之垣书，王时初刻，碑阴刻捐资人姓名。另为大觉寺接驾火德星君立会捐资功德碑 1 通，清光绪二十五年（1899 年）立，方首，座佚，高 1.34、宽 0.46、厚 0.14 米。额题"万古流芳"四字。碑文楷书，记载宝坻民众于大觉寺举行火德星君接驾道场，并集资成立水会、购置器具的情况。芮鐉撰文并书丹。碑阴刻捐资人姓名。

2012 年，对宝坻大觉寺的十间配房进行补漏修缮，对罗汉堂外檐进行油饰。2015 年，对其再次进行了全面修缮。

2013 年，宝坻大觉寺由天津市人民政府公布为第四批天津市文物保护单位。

大覺寺 在縣東街亦遠重熙特建為神僧洪源常住其法嗣又建彌陀殿與兩廡及藏經所冶鐘建捷工制塊麗其鐘即篆訛為南海浮來者也舊志以為金建亦誤

清乾隆十年修，民国六年石印本《宝坻县志》

配房

《重修大觉寺碑记》碑拓片，明崇祯二年（1629 年）立

蓟州关帝庙

蓟州关帝庙位于天津市蓟州区渔阳镇西北隅村内，又称下关庙，始建年代不详，元、明、清三代多次重修。原有山门、钟鼓楼、前殿、大殿、后殿、戏楼等。现存前殿、大殿、后殿和配房，皆为清代建筑，占地面积440平方米。其中前殿为面阔三间、前后出廊的七檩硬山建筑，内部梁架为露明造。大殿面阔三间，进深两间，抬梁式，硬山顶，铺黄色琉璃瓦。后殿三间，配房六间，均为青砖青瓦，抬梁式，硬山顶。有清乾隆十一年（1746年）立关帝庙修葺功竣碑、乾隆二十四年（1759年）立关帝庙后殿重修碑、乾隆五十三年（1788年）立修葺关帝庙碑、道光二十六年（1846年）立重修关帝庙碑各1通。

蓟州城历朝多为州郡治所所在地，古代城市建设历来讲究"衙署齐备，庙堂俱全"，关帝庙与文庙、城隍庙一样，同属"官庙"，是我国古代城市

入口

中必不可少的标志性建筑。古蓟州城亦为军事重镇，因此，蓟州城的关帝庙更具其特殊意义。另外，关帝庙主殿是蓟州区仅存的琉璃瓦顶建筑，瓦当、滴水均有龙纹，等级较高。

2013 年，蓟州关帝庙由天津市人民政府公布为第四批天津市文物保护单位。

前殿

院落内景

大殿

西配殿

后殿

蓟州文庙

蓟州文庙位于天津市蓟州区城关镇西北隅，始建于金天会年间（1123～1135年），明清时期屡次重建或修缮。原有东西院和过街牌楼，东院有儒学门、明伦堂，西院有棂星门、泮池、戟门、先师殿、启圣祠、崇经阁等。现仅存棂星门、泮池、石桥、戟门、东西两庑、大成殿。

其中主体建筑大成殿面阔五间，进深三间七檩，前后出廊，屋顶为硬山筒瓦，台基为条石垒砌。殿前有月台，是祭祀孔子的场所。台前石阶、甬路与戟门相接。戟门面阔三间，进深两间五檩，屋顶为硬山筒瓦，台基石料均为大青石。东、西庑各五间，台基与月台平，屋顶为硬山合瓦。大成殿、东西庑与戟门构成四合院。院内有五棵古松，院落虽不大，却给人以宏敞精致、堂堂正正之感。戟门东侧有名宦祠，面阔三间，墙壁上镶有赵孟頫书《醉翁亭记》碑。东侧为乡贤祠。棂星门石质，四柱三门。棂星门后有泮池，池上有并排石拱桥三座，称登瀛桥，建于清康熙三十四年（1695年）。

民国以前，蓟州文庙每年春秋两季都有祭祀孔子的大型活动。民国时期，此地为蓟县师范女校所在地。新中国成立后，改为蓟县第一小学。

2016年，蓟州区对蓟州文庙进行了修缮。

2013年，蓟州文庙由天津市人民政府公布为第四批天津市文物保护单位。

《渔阳重修宣圣庙学记》碑，金正隆元年（1156年）立

127

大成殿

大成殿内景

戟门、石桥及泮池

棂星门

南贾庄民居

　　南贾庄民居位于天津市蓟州区西龙虎峪镇南贾庄村十五区 31 号，清代建筑，原为清末孙宝轩家宅。

　　该民居为四合院式建筑群，分为三个独立的院落，占地面积 620 平方米。东院正房原有小二楼、东西厢房、门房、门楼。1976 年唐山大地震时小二楼倒塌，部分房屋被拆除，只存东厢房、门房、门楼；中间院落现存一个门楼；西院现存门房和门楼各一座，其余的房屋均已重新翻盖。

　　该建筑群是蓟州区现存极少数清代民居建筑群之一，对研究清代民居建筑形制、人居环境具有一定价值。

　　2013 年，南贾庄民居由天津市人民政府公布为第四批天津市文物保护单位。

南贾庄民居外景

门簪

门前抱鼓石

张家大院

张家大院位于天津市蓟州区出头岭镇官场村北，清代建筑，占地面积 8600 平方米。张家原为佃户，后因东家吃官司败落，张家逐渐收购了东家的大片土地。经几代人的经营，到了清晚期，成了当地有名的大户，张家大院就建于此时。据村民描述，民国时期，张家有弟兄七人，最有名的当数老大张吉祥，他儿子做过日伪时期的团长，保护过许多八路军及家属。1948 年农村土地改革，张家大院被分给了当地贫民。

整个建筑群坐北朝南，自西向东由四座相对独立的院落组成。每座院落包括门楼和三进正房。门楼上有精美的砖雕，图案为福、禄、寿、梅、兰、竹、菊等，对扇大门。正房面阔五间，明间为穿堂。一进正房以北院落均有对面厢房，厢

墀头

内部院落

正房大门

后墙

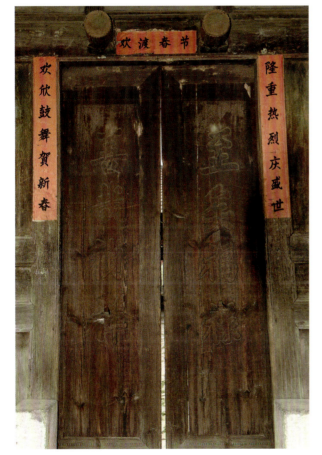

后山

第三组院落后悬山门楼

内部穿堂

房面阔两间。最北均有悬山门楼一座，形态各异，对扇门，门扇上刻有对联。四处院落布局一致。据当地村民介绍，张家大院原有统一的院墙，四周设角楼。北门楼以北还有碾坊、磨房、马厩、粮仓等建筑，均属张家大院范围，现已不存。

2016年，蓟州区对张家大院进行了整休修缮。

2013年，张家大院由天津市人民政府公布为第四批天津市文物保护单位。

金家窑清真寺

金家窑清真寺位于天津市河北区金海道金钟公寓小区内，始建于明万历二年（1574年），由安徽安庆府回族皇粮船帮集资兴建，清光绪及民国时期重修。

该寺由大门、经堂（礼拜堂）及附属用房等组成，占地面积约 1560 平方米。大门坐西朝东，青砖圆券，高约 3 米，两侧有石狮。前院南侧水房 11 间，供礼拜前大小净之用。北侧讲堂 4 间。院内有高大茂盛的椿树 1 株，相传为明末栽植。经堂（礼拜堂）为该寺主体建筑，平面呈凸字形，高 10 米，前为卷棚顶抱厦，面阔三间，进深一间；中做硬山顶；后为九脊歇山顶，面阔五间，进深一间，垂脊高挑，砖雕精美。正脊中部建有 4 米高六角攒尖式亭阁，名为望月楼，翼角高翘，尖顶攒聚。殿内 12 根通天明柱与梁柱构成木结构穹顶。后部为讲经传授宣讲台。该寺红漆大门上挂"清真无二"匾额，大门两侧设抱鼓石，保存基本完整。

整座建筑以中国传统木结构和院落式布局为主，又巧妙融合了伊斯兰式的建筑风格，典雅庄重。寺内正门楼墙上镶有民国十六年（1927年）六月立《天津金家窑清真寺碑记》碑 1 通，高 1.19、宽 0.59、厚 0.16 米。碑文楷书，记

慈禧书牌匾

金家窑清真寺大门全景

大门近景

经堂（礼拜堂）正立面

载该寺于明万历二年（1574年）兴建，清光绪年间（1875～1908年）及民国初年资助修缮的情况，是研究该寺历史沿革重要的实物资料。

2020年，金家窑清真寺由天津市人民政府公布为第五批天津市文物保护单位。

大殿内景

大殿内景

附：民国时期《天津金家窑清真寺碑记》碑碑文

天津金家窑清真寺碑记

稽津郡创设清真寺，以金家窑为最古。前明万历二年间，皖省安庆回教运输皇粮船帮，沿运河由南而北，□蜒数千里，所过都邑船泊时，咸造清真寺，沐浴朝主，洵虔诚敬意之穆民也。每当抵津泊岸，恒以未有朝拜之处为憾。于是该穆民等有变卖船产者，有凑措资财者，乃在津城东北隅金家窑地方，滨河东岸购屋数椽，权作朝拜之天房。此创设金家窑清真寺之所由来也。迨有清浚哲蔚起，仍先贤之旧贯，奏扩充之肤功，所以寺中基址，备价购买者有之，慈善施舍者亦有之。旋经王君宇周劝募，左军门冠廷捐资，购寺东北角房基一段；穆君毓山措资、募捐，购寺东南角房基一段，撮合零星段落，幅员赖以广大。建修大殿暨南北讲堂、沐浴等室，规模

望月楼

亦渐可观。嗣历明清两朝数百年来，风雨剥蚀，大殿厦宇残朽不堪。光绪中叶，穆君朝正鸠工庀材，整理大殿。未几，因病逝世，工遂停止。幸冯四阿訇泉、刘九阿訇振纲并马君殿魁劝募，张君恩荣独捐重资，将大殿工程续成完备。而穆君少亭劝其门婿张君兰轩，解囊资助，复将殿前抱厦重修牢固。民国以来，世道文明，教门进展，每逢开斋大典，归信穆民跻跻跄跄，乃叹讲堂、沐浴等室既倾圮，亦复狭隘。寺中教长张公厚德、乡耆王君耀亭、马君仁圃、王君文运、刘君馨山、穆君成荣等，目击情状，愁焉如捣。乃于民国六年，马君仁圃等倡捐劝募，集腋成裘，整理大殿一座，重修南北讲堂、沐浴室、各配房共二十余间，大门、便门各一道。院宇阔绰，瓴甋粲然。惟此寺地基共有老契八纸，段落参差，恐未吻合，是以约同四邻勘丈。明确东西长阔，计南边拾肆丈陆尺肆寸，北边拾肆丈捌尺玖寸；南北横阔，计东首陆丈捌尺柒寸，西首陆丈肆尺肆寸；东西北三面至道，南面东首至穆祥荣，西首至刘馨山。按照基址绘图一张，附之契内。民国十五年秋，有山左泰安县于公清泮甫乐亭者，古道热肠，为吾教中仗义疏财人也。因任直隶全省官产清理处专员，盘旋津沽期月，籍悉寺中老契均未投税，将来年湮世远，恐有被人侵占之虞。遂商洽寺中乡耆，敬将老契八纸并绘图一张，自措资财，持送县署投税，以便清真寺永远管业。深望后之视今，亦犹今之视昔，世世代代知皆扩而充之，斯可矣。仆不敏，爰述原委，以为记云。天津金家窑清真寺教长张厚德，同教末马仁圃、刘馨山、王耀亭、王文运、刘子云、穆成荣公立。

青县教末戴得桂薰沐撰书。

中华民国十六年六月即丁卯年五月中浣穀旦

137

紫竹禅林寺

　　紫竹禅林寺，俗名孝力庙，位于天津市武清区河西务镇孝力村西口，始建于清初。该建筑群占地面积340余平方米，坐北朝南，现存天王殿、大雄宝殿，是武清区仅存的具有官家背景的清代佛家寺院，在天津市域内亦不多见。

　　天王殿面阔三间，进深六架椽，带后廊，檩垫枋三件做法。东、西山面梁架中柱为通柱，从地面柱础直达脊檩之下，类似南方流行的穿斗做法，明间两侧的梁架为抬梁式，这种插梁式的木结构梁架在天津地区古建筑中十分少见。屋面裹陇，正脊砖雕龙纹，正吻后配，正吻垂脊瓦为黄琉璃，垂脊施削割瓦，前檐青砖封护。后檐明间四开门，次间临墙。东山墙檐柱位置有两个青砖透风。廊心墙砖制。青石挑檐石，铃铛排山。雅伍墨旋子彩画，夔龙、黑叶子花枋心。

紫竹禅林寺全景

大雄宝殿内部梁架及彩画

天王殿戗兽和走兽

天王殿内部梁架及彩画

大雄宝殿内部梁架及彩画

大雄宝殿面阔三间，进深六架椽，带前廊。黄琉璃瓦硬山顶，大木小式，廊心墙砖制。山面插梁式，镜面柱础。彩画做法及风格与天王殿相似，且枋心施以点金龙纹。梁枋所施旋子彩绘，规整严谨，工料精准，具有明显的清官式做法。殿顶使用黄琉璃瓦，反映出该寺应有皇家背景。

紫竹禅林寺对研究武清地区的历史文化、漕运、宗教具有较高的文物价值。该寺庙的创立、发展及兴盛的历史，也与明清时代大运河暨河西务漕运的繁荣息息相关。

2020年，紫竹禅林寺由天津市人民政府公布为第五批天津市文物保护单位。

万松寺普照禅师塔

　　万松寺普照禅师塔位于天津市蓟州区官庄镇莲花岭村北盘山风景名胜区西麓，万松寺仙人桥东侧。万松寺原名卫公庵，相传寺旁峰顶平整如台，为卫公李靖舞剑处。普照禅师曾来此庵住持，明神宗朱翊钧赐书"清心"二字。之后，清康熙皇帝赐名"万松寺"，并于康熙十四年（1675年）为正殿书"乐天真"匾。乾隆皇帝为殿檐题"慈育万物"额。1942年，万松寺被日军焚毁，仅存太平禅师塔和普照禅师塔。

　　普照禅师塔建于明万历二年（1574年）。塔高10米，平面为六角形，砖石结构，由塔基、塔身和塔刹组成。塔基为石砌，砖雕斗栱平座，转角处雕出塔幢，上接五层密檐和塔刹。塔前有《卫公庵普照大师行实碑记》碑、《万松寺重立宗派碑记》碑各1通。该塔为研究明清时期塔类建筑提供了实证，

万松寺普照禅师塔全景

且丰富了天津地区佛教文化的历史内涵。1973年，万松寺普照禅师塔被蓟县革命委员会公布为县级文物保护单位。1992年，被蓟县人民政府重新公布为县级文物保护单位。

2020年，万松寺普照禅师塔由天津市人民政府公布为第五批天津市文物保护单位。

塔顶俯视

普照禅师塔石碑（左为《万松寺重立宗派碑记》碑、右为《卫公庵普照大师行实碑记》碑）

普照禅师塔

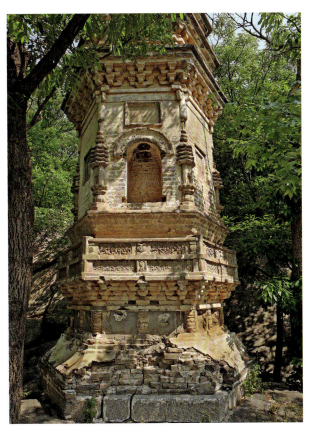

塔身 密檐及塔刹

基座

万松寺太平禅师宝塔

万松寺太平禅师宝塔位于天津市蓟州区官庄镇莲花岭村北盘山风景名胜区西麓，万松寺普照禅师塔的西南侧。该塔为太平禅师墓塔，建于明万历四十三年（1615年）。塔高12米，平面为六边形，五层密檐式，砖石结构，由塔基、塔身和塔刹组成。塔基为石砌，砖雕斗栱平座，转角处雕出塔幢，上接五层密檐和塔刹。

1992年，万松寺太平禅师宝塔被蓟县人民政府公布为县级文物保护单位。

2020年，万松寺太平禅师宝塔由天津市人民政府公布为第五批天津市文物保护单位。

万松寺太平禅师宝塔南侧立面

西侧立面

朝阳庵

朝阳庵位于天津市蓟州区官庄镇东后子峪村内，始建于明嘉靖年间（1522～1566年），清康熙年间（1662～1722年）重修。院落占地面积2500平方米，院内现存观音殿及两侧耳房、石碑2通、古树名木2株。院外有古井2眼、井亭1个。

观音殿面阔三间，进深两间，硬山筒瓦卷棚顶，前出廊，建造之初就地取材，梁、柱皆用石材。东、西耳房皆为硬山筒瓦卷棚顶。院内古松树龄已达400余年，半亩庵院，尽遮其荫，乾隆皇帝赐名"蟠龙松"。院门外东西两侧各有一井亭（现东侧井亭已毁），灰瓦悬山顶，亭内水井称为"龙眼"。

井亭

朝阳庵全景及蟠龙松

院内有碑2通，一为明嘉靖年间（1522～1566年）立《蓟州城西东后了峪新建朝阳庵碑记》碑，高1.56、宽0.56米，方首，座佚，碑文楷书，记载修朝阳庵经过。另一为清光绪二十三年（1897年）立朝阳庵记事碑，方首，方座，通高1.6、宽0.6米，碑文楷书，记载出售庙之香火地及赎回出租地等事宜。

正房立面

1991年9月，为保护院内古树"蟠龙松"，将观音殿向西移10、向北移8米，使用原有建筑构件重建，复建门楼、耳房、井亭，四周砌砖墙维护。1992年5月16日，朝阳庵被蓟县人民政府公布为县级文物保护单位。

另外，因1939年冀东救国报滦西分社曾设于朝阳庵，为抗日战争的胜利做出了重要贡献，因此朝阳庵也是蓟州区爱国主义教育基地之一。

正房及东西耳房

2020年，朝阳庵由天津市人民政府公布为第五批天津市文物保护单位。

附：朝阳庵记事碑碑文

　　夫酌盈剂虚，上古用财之道；而通权达变，今人处世之方。本庄有朝阳庵，凡会中大小事，无不往商于其中。守前代之遗规，永垂弗替；为各家之统率，取益良多。故历年向各户领取青钱，佐一岁之花费，并有前人所施舍地亩之出项，为香火之资，实与合庄大有裨益者。乃代远年湮，用款弥形其黜；而补偏救弊，拖欠愈见其多。于是合会人倍切经营，互相筹画设一计焉，使会事从新整理，亏欠亦皆补还，斯得矣。适有营房张宅在庄北立一茔地，与会地比邻焉。会地者何？系前刘明德所义施，因与伊后人刘华春并合村商议，遂将此地拾亩出售，价得贰仟伍百吊。以壹仟壹佰吊，将昔所典出起租地赎回，以捌百吊置地拾亩。此外所余者，或日后修补庙宇，或会中一切用度，悉取给于兹焉。由是遇事务臻美备，立德更可立功。进款使有赢余，可大并见可久。则百代泯支绌之形，万事无废弛之患。俾我乡世不成规，莫失曩时之德业；人皆善士，足征□日之休风。则左右胥庆德邻，远近称为仁里云。遂志之。

大清光绪二十三年二月吉日立

邦均关帝庙戏台

邦均关帝庙位于天津市蓟州区邦均镇大街村，始建于明崇祯四年（1631年），清乾隆年间（1736～1795年）及清道光二十六年（1846年）两次重修。院落占地面积1250平方米，原有大殿、耳房、配殿、戏台等建筑，1976年唐山大地震中震损，渐圮废。现仅存戏台，建筑面积131平方米。

戏台坐东朝西，面阔三间，进深两间，抬梁式勾连搭，青瓦硬山顶，正脊两端饰鸱吻，中间饰二龙戏珠等瓦饰花纹。其梁架独具特色，部分大木构件使用原木稍加修整，有早期木构建筑的遗风，又因曾经作为教室、仓库使用，留有后期使用过程中改造的痕迹。现室内地面沙土覆盖原有条砖十字缝铺地砖，前檐梁架上存有旋子彩画，墙壁上存有部分粉饰墙面，墙上有红底黄字，内容为毛泽东著《满江红·和郭沫若同志》全词的手书体。

正脊鸱吻

邦均关帝庙戏台正立面

1973年，蓟县革命委员会将邦均关帝庙公布为县级文物保护单位。1992年，蓟县人民政府将其重新公布为县级文物保护单位。2019年，对邦均关帝庙戏台进行抢救性维修。

　　2020年，邦均关帝庙戏台由天津市人民政府公布为第五批天津市文物保护单位。

戏台侧面

砖雕装饰

戏台内旋子彩画

内部梁架

戏台月台

大扈驾庄石桥

　　大扈驾庄石桥位于天津市蓟州区杨津庄镇大扈驾庄村东，古辽运河之上。始建年代不详，民国九年（1920年）重修。桥身保存完好，桥面全长48.2、宽3.54米，由91块条石铺砌，桥面两侧有栏板卯口，栏杆无存，桥下有15孔，平均孔径2.47米。清道光《蓟州志》卷二"山川"载："辽运河，州南十里之紫金洴即此河之故道，由韩家坝入沟庄、小漫河、马家港、蒙家圈、太和庄、迷王会，至曹家口头庄合沽河，河形故道。现今淤塞为多，尚有未尽淤完之处，虽值大旱，其水不涸。"是志卷三"桥梁"载："东大桥，在州南四十里小漫河庄东。西大桥，在州南四十里小漫河庄中。"大扈驾庄村中有重修该桥的石碑1通，记载捐款人姓名和村名等。

　　大扈驾庄石桥是村落悠久历史的重要见证，也曾经是大扈驾庄村民使用的重要交通道路设施。

　　大扈驾庄石桥由于桥身部分石板、栏板等缺失，为了保护行人及文物本体的安全，现已停止使用。

　　2020年，大扈驾庄石桥由天津市人民政府公布为第五批天津市文物保护单位。

152

大扈驾庄石桥全景

桥面

桥墩

桥面及桥墩交接

栏杆孔洞

天 津 市
文 物 保 护 单 位 概 览

An Overview of Major Historical and Cultural
Sites Protected at the Municipal Level in Tianjin

石 窟 寺
及 石 刻

Cave Temple and Stone Carvings

盘山摩崖石刻

　　盘山摩崖石刻位于天津市蓟州区官庄镇盘山，石刻年代涵盖唐、明、清、民国时期和当代，分布面积330万平方米。

　　石刻的形制可分为碑类、塔铭、刻经、造像、摩崖、墓碣、题咏、题名以及诗文杂著等，内容可分为即景、名物、记事三大类，形式可分为题字、诗文、标语等。摩崖石刻从山下到山上随处可见，较为集中的地方有静寄山庄、天成寺、万松寺、东西甘涧、云罩寺、东竺庵、古中盘、盘谷寺、少林寺、千像寺等地，仅静寄山庄遗存就有石刻30余处。盘山最大摩崖石刻字径4.45米，是乾隆皇帝所题"萝屏"二字。盘山摩崖石刻中最早的一处出现于唐太宗时期，由唐左金吾卫将军、御史大夫李从简游盘山时，在舞剑台顶镌刻"李从简曾游李靖舞剑台"。

　　盘山摩崖石刻是历代文化名人留下的宝贵财富，为研究盘山的历史发展提供了珍贵的实物资料。

　　2013年，盘山摩崖石刻由天津市人民政府公布为第四批天津市文物保护单位。

唐李从简题舞剑台

金带川题"盘山古迹"

明闻人铨题"盘山"

明刘应节题"天门开"

157

明刘应节题 "天门开"

清允禧题 "龙象"

清智朴题 "文殊智地"

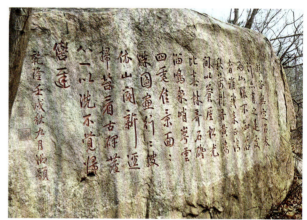

清弘历题《再题盘谷诗》

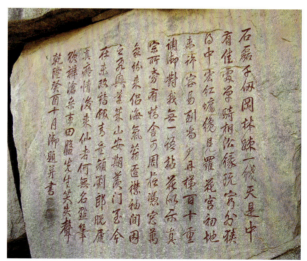

清弘历题诗《古中盘》

清弘历题 "萝屏"

清王锺霖题 "逍遥游"

清弘历题《小石城》

清李江题 "将军石"

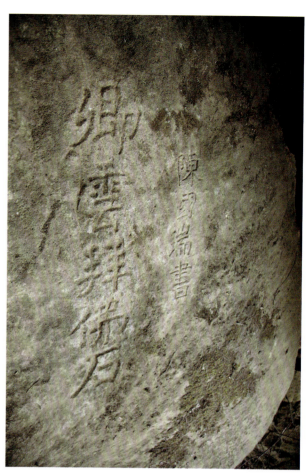

清陈国瑞题 "卿云拜佛石"

清宁璿题记

清唐廷枢等游盘山题记

清荣禄题 "入胜"

民国时期董宪章等题 "名山古寺"

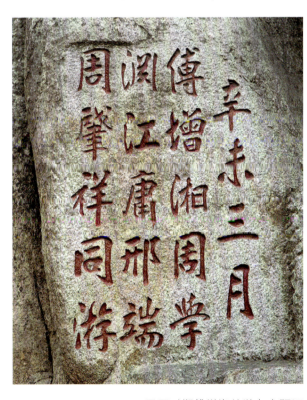

民国时期傅增湘等游盘山题记

天津市
文物保护单位概览

An Overview of Major Historical and Cultural
Sites Protected at the Municipal Level in Tianjin

近现代
重要史迹及
代表性建筑

Modern Important Historic
and Representative Architecture

中共中央在津秘密印刷厂遗址

中共中央在津秘密印刷厂遗址位于天津市和平区唐山道47号（原英租界广东道福安里4号）。建筑建于1900年前后，曾作为中共中央在津秘密印刷厂使用。

1928年12月，毛泽民在上海创立的协盛印刷所遭到破坏，中共中央决定调毛泽民来天津工作。1929年初，毛泽民在中共顺直省委的帮助下，化名周韵华，在唐山道47号建立了印刷厂，秘密承印党中央和顺直省委的重要文件。印刷厂的大门右边挂着"华新印刷公司"的铜牌。一楼右厢房为营业室，遇有情况可按动电铃以备疏散。另一侧厢房作机房，设印刷机3台。对外以"华新印刷厂"名义承印《马太福音》一类书籍以及表格、请柬等印刷品，夜晚

中共中央在津秘密印刷厂遗址（一）

保护标志

简介

印制革命书刊及党内文件。1931 年印刷厂迁离天津。

　　遗址现存一幢两层锁头式楼房，砖木结构，建筑面积 370 平方米。建筑形体两翼前凸，平面呈凹字形。独门独院，前门临街、后门有胡同，四通八达，出入方便。建筑造型小巧别致，古朴端庄。

　　1982 年，中共中央在津秘密印刷厂遗址由天津市人民政府公布为第一批天津市文物保护单位。

中共中央在津
秘密印刷厂遗
址（二）

吉鸿昌旧居

吉鸿昌旧居位于天津市和平区花园路 5 号，建于 1917 年，由比商义品公司工程师沙德利设计，是一座独栋带院的近代折中主义建筑。

吉鸿昌（1895～1934 年），字世五，河南扶沟人，著名抗日爱国将领。自幼家境贫寒，早年投冯玉祥部当兵，曾任宁夏省政府主席。1932 年 2 月底，吉鸿昌来津入住此地。同年秋加入中国共产党，后组织中国人民反法西斯大同盟。1934 年在国民饭店被军统人员枪击受伤后由法国巡捕逮捕引渡，同年 11 月 24 日，在北平（今北京）英勇就义。

该楼建筑主体两层，局部三层，砖木结构。平面布局紧凑、灵活。建筑外檐使用清水砖，窗框外、转角等部位做白色线脚装饰，外廊、阳台等处采用宝瓶栏杆和铁艺栏杆围护。室内一层过厅设壁炉，精巧别致。

1982 年，吉鸿昌旧居由天津市人民政府公布为第一批天津市文物保护单位。

吉鸿昌旧居雪景

中共北方局旧址

　　中共北方局旧址位于天津市和平区黑龙江路隆泰里19号（原日、法租界交界处）。该建筑为二层住宅小楼。1936年，刘少奇在津主持中共北方局工作时租住于此。

　　1935年底，中共中央在瓦窑堡召开政治局扩大会议，制定了建立抗日民族统一战线的策略和方针。会后，刘少奇受中央委托辗转来津，主持中共北方局工作。1936年在林枫协助下，租用此楼二楼一间斗室居住，楼下是惠兴德成衣局。刘少奇化名"周教授"开展活动，在此抱病撰写了《肃清立三路线的残余——关门主义冒险主义》《关于白区工作给中央的信》等重要著述。1937年春，中共中央北方局撤离天津，同年7月，重组于太原。

中共北方局旧址外景

惠兴德成衣局

　　隆泰里19号地皮原由北洋大学总教习丁家立租于英商先农公司，后建起这栋砖木结构建筑。该楼占地面积121平方米，建筑面积202平方米，坐东南朝西北，矩形平面。主体采用红砖砌筑，仅窗框、腰檐处做白色线脚。建筑四面临窗、前后设门，具有视野开阔、便于隐蔽和转移的特点。

　　1982年，中共北方局旧址由天津市人民政府公布为第一批天津市文物保护单位。

室内陈列（一）

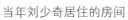

当年刘少奇居住的房间

室内陈列（二）

平津战役天津前线指挥部遗址

平津战役天津前线指挥部遗址位于天津市西青区杨柳青镇药王庙东大街4号。原为普通民宅，用作戴记钱铺。天津战役时（1948年12月～1949年1月），中国人民解放军平津战役天津前线指挥部曾设于此，开国上将刘亚楼曾在此指挥作战。

该建筑为北方传统的四合院形制，由正房、东西厢房、倒座组成，占地384平方米。现存正房五间，东、西厢房各三间，倒座四间，均为抬梁式木结构，外砌青砖。另有影壁一处。

1984年，遗址修缮后辟作陈列馆。门口上方的"平津战役天津前线指挥部旧址陈列馆"由肖劲光大将题写。

1982年，平津战役天津前线指挥部遗址由天津市人民政府公布为第一批天津市文物保护单位。

平津战役天津前线指挥部遗址入口

内外院

院落内景

建筑外景

参谋室内景（一）

参谋室内景（二）

盘山抗日根据地遗址

　　盘山抗日根据地遗址位于天津市蓟州区官庄镇营房村北。遗址组成包括1938～1945年抗日战争期间遗留下的革命战斗遗迹和抗日标语石刻，以及1956年建造的盘山抗日烈士陵园。

　　抗日战争时期，盘山是晋察冀抗日根据地的重要组成部分。1938年6月，八路军第四纵队在邓华、宋时轮的率领下，挺进冀东，给冀东人民带来极大鼓舞。同年7月，冀东人民在中共冀热辽特委的领导下，举行抗日大暴动，宣布成立蓟县抗日民主政府，以盘山为根据地，进行了艰苦卓绝的抗日斗争，直至1945年配合主力部队解放蓟县。冀东军分区副司令员包森、冀东西部地委分委书记兼蓟宝三联合县县委书记田野等一大批抗日烈士牺牲于此。山中

盘山抗日根据地遗址牌坊

石海战斗遗址

包森烈士墓

盘山烈士陵园纪念碑

救国报滦西分社遗址

抗日标语石刻"抗战到底"

抗日标语石刻"中国人不打中国人"

至今保留有大量革命遗迹，如八路军十三团卫生所、兵工厂、被服厂和建立十三团的大会会场遗址、冀东暴动纪念地和冀东报社遗址，以及百草洼、果河沿、石海、丈烟台等多处与日寇战斗的纪念地及许多抗日标语石刻。为纪念在抗日战争中牺牲的革命烈士，1956年由中共河北省委、省人民政府决定，

抗日标语石刻"给日本做事的可耻"

抗日标语石刻"打倒日本"

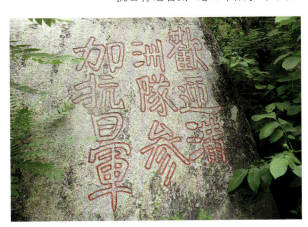

抗日标语石刻"欢迎满洲队参加抗日军"

修建盘山抗日烈士纪念碑和陵园。

　　1982年，盘山抗日根据地遗址由天津市人民政府公布为第一批天津市文物保护单位。

西开天主教堂

西开天主教堂位于天津市和平区西宁道11号,建于1913～1916年。始称圣味增爵堂,后易名圣约瑟堂,因其坐落地旧称西开,故习称西开教堂。

西开天主教堂主堂长60、宽30米,建筑面积1892平方米。教堂坐东南朝西北,平面呈拉丁十字式。大厅从正门两侧到尽头的祭台,有两排共14根立柱支撑7个连拱廊,将中堂和侧廊分开,为典型的巴西利卡式。中堂与半圆形后堂由东、西耳堂

178

西开天主教堂主堂全景

衔接,形成十字平面,中央设高大的穹隆顶,通过八角形鼓座与支撑拱架券廊柱相连。教堂正立面呈现"横三段、纵三段"布局,石砌台基,墙体用红、黄两色缸砖砌筑。顶部筑有3座穹隆顶塔楼,用铜片镶包,顶端竖十字架标志。

附堂为传教士居住及办公场所,两层砖木结构楼房,工字形对称式布局。拱券式主入口位于建筑中部,并作水泥抹灰门套;二层设双牛腿支撑阳台,顶部作三角形山花装饰;多坡屋顶,平板瓦屋面;外檐为青砖清水墙面,水泥抹灰窗楣,建筑转角部位作断块抹灰装饰。

西开天主教堂建筑整体为法国罗曼式建筑风格,造型庄重典雅,外观富丽堂皇。主堂是天津市最大的天主教堂,也是天主教天津教区主教座堂。

1991年,西开天主教堂由天津市人民政府公布为第二批天津市文物保护单位。

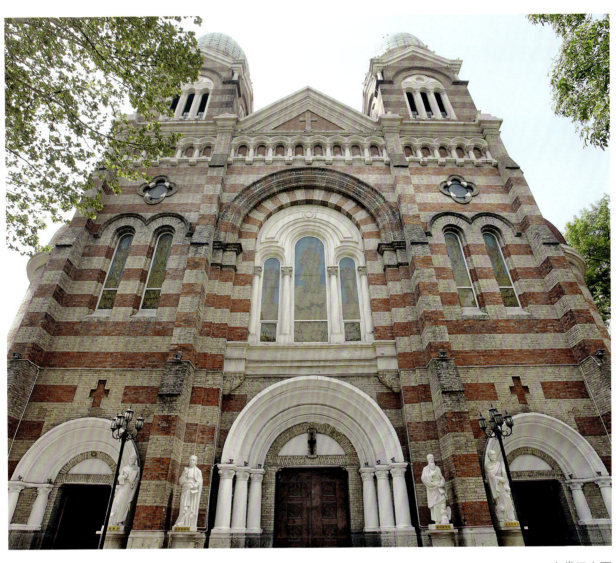

主堂正立面

主堂檐下装饰

主堂入口券门

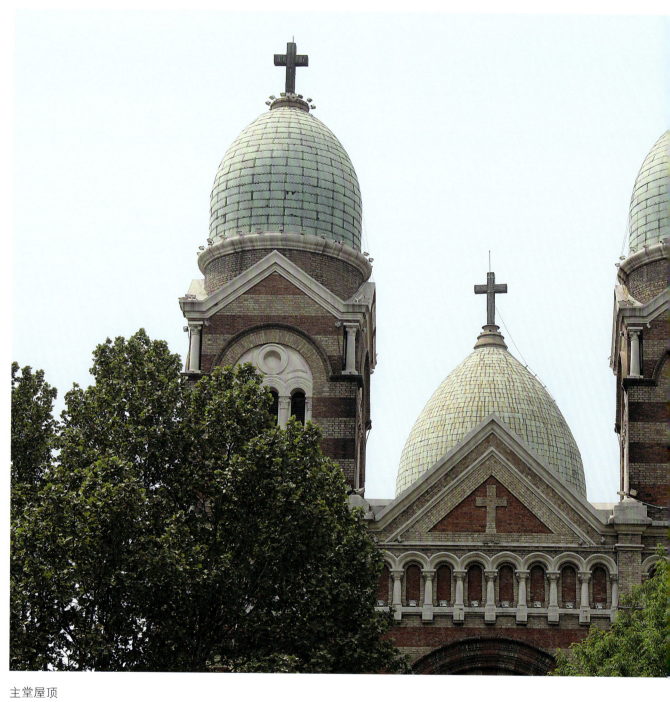

主堂屋顶

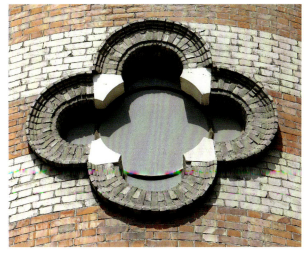

主堂花窗

主堂券窗

主堂主祭台

主堂内部柱廊

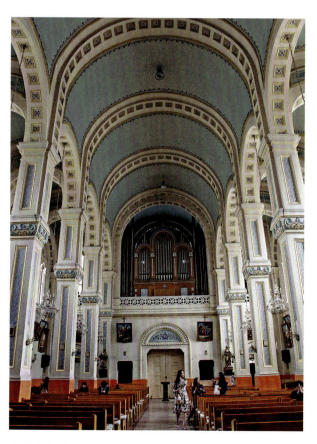

主堂内部空间（面对唱诗台）

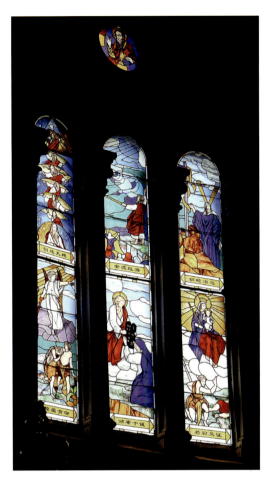
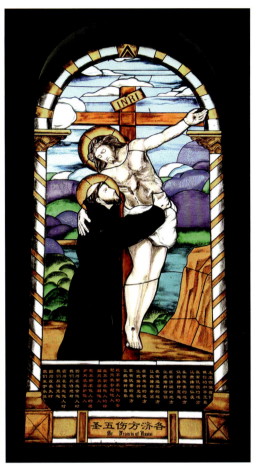

宗教故事彩绘玻璃

附楼

静园位于天津市和平区鞍山道 70 号，始建于 1921 年。原名乾园，由北洋政府驻日公使陆宗舆建造。1929 ～ 1931 年，末代皇帝溥仪携皇后婉容、淑妃文秀居住于此，并将其易名为静园。

1924 年末，溥仪被赶出紫禁城后来到天津，初居原湖北提督张彪私宅露香园（俗称张园）。后于 1929 年 7 月迁居乾园，为取"静观变化、静待时机"之意，溥仪将乾园易名

主体建筑门前坡道

静园主体建筑正立面

溥仪书房

花厅

静园。他在这里仍使用宣统年号，发"谕旨"，召见"大臣"，多次会见日本军界头目，策划建立伪满洲政权。1931年，溥仪被挟往东北，成为伪"满洲国"的傀儡皇帝。日本投降后，国民党天津警备区司令陈长捷曾在此居住。

　　静园是一组庭院式住宅，由主楼、游廊、花厅、附属用房等组成，占地面积3090平方米，四周有高墙围绕。静园主楼平面大致呈矩形，为二层（局部三层）砖木结构，建筑面积2063平方米。宅院西侧为单层花厅，矩形平面，坡屋顶。花厅以连券式游廊（长17、宽1.5米）与主楼相连。宅院东北角有外廊式附属用房，砖木结构，双坡挂瓦屋面。宅院沿东侧围墙建一列附属用房，均为单层砖木结构，单坡挂瓦屋面。庭院中有假山、喷泉、花坛、鱼池。

门厅室内装饰彩色玻璃窗

主体建筑室内屋顶

主体建筑首层浇筑窗户

婉容书房

主体建筑装饰灯具

主体建筑门厅

主体建筑室内楼梯

溥仪卧房

会客厅

大餐厅

　　静园融西班牙与日式建筑风格于一体，色彩柔和，比例协调，在天津近代建筑中独树一帜，且见证了中国近代社会政治变革。

　　1991年，静园由天津市人民政府公布为第二批天津市文物保护单位。

李叔同故居

李叔同故居原位于天津市河北区粮店后街 60 号，始建于清代，是李叔同青少年时期居住的场所。李叔同故居纪念馆位于天津市河北区海河东路与滨海道交口东南角。

李叔同（1880～1942 年），著名高僧，我国最早将西洋绘画、音乐、话剧等艺术引进国内的先驱者之一。清光绪六年（1880 年）出生于天津三岔河口东粮店后街陆家竖胡同 2 号的三合院内。幼时举家搬入坐落在山西会馆斜对面的粮店后街 60 号宅第中。因设有"铜达"钱号，故有"铜达李家"的称呼，李叔同在这里度过了整个青少年时代。光绪二十四年（1898 年），李

李叔同故居入口

正门

叔同因涉维新变法的"康党"嫌疑，携眷避祸上海。宣统三年（1911年），李叔同自日本毕业回国，回归津门故里粮店后街60号宅第，转年受聘于直隶高等工业学堂，任绘图员。课余之时李叔同常在宅第花园"意园"内改建的"洋书房"中交朋会友或钻研西方学术思想。两年后，李叔同离津到上海、杭州、南京等地任教，先后长达七年之久。民国七年（1918年）在杭州虎跑定慧寺出家，专研律宗，有南山律宗大师之称。

李叔同故居纪念馆2003年由市政府投资，2008年整体建设完成，地基在原有基础上增高。建筑坐西朝东，砖木结构，青瓦灰墙，多为硬山卷棚顶，田字形四合院布局。占地面积4000余平方米，院内新建2600平方米江南风格的秀美花园。

1991年，李叔同故居由天津市人民政府公布为第二批天津市文物保护单位。

第一进院落内景

故居内景

故居内展示陈列

故居内书房陈列

故居内"铜达银号"

魏士毅女士纪念碑

魏士毅女士纪念碑位于天津市河北区中山公园路 3 号，中山公园内西南侧。该碑立于 1929 年，是为纪念"三一八"惨案遇难者、燕京大学学生魏士毅。

1926 年 3 月 18 日，北京各界群众游行示威，向段祺瑞政府请愿，抗议日本帝国主义侵略中国。政府卫队公然向游行群众开枪，打死打伤多人，造成举世震惊的"三一八"惨案。燕京大学学生魏士毅（天津籍）饮弹罹难。1927 年，燕大在未名湖畔为魏士毅立碑纪念。1929 年，平津各界人士在天津中山公园立此纪念碑。天津沦陷后，此碑下落不明，1983 年挖掘出土，1986 年天津市人民政府将此碑重新树立。

纪念碑高 2.05 米，方形碑座，碑身呈塔状，正面镌刻"魏士毅女士纪念碑"。

1991 年，魏士毅女士纪念碑由天津市人民政府公布为第二批天津市文物保护单位。

魏士毅女士纪念碑底座

魏士毅女士纪念碑全景

天津十五烈士纪念碑

　　天津十五烈士纪念碑位于天津市河北区中山公园路3号，中山公园内南侧。该碑立于1931年，是为纪念1927年惨遭军阀褚玉璞杀害的15名共产党和国民党左派烈士。

　　1927年4月18日，中共党员江震寰和国民党左派共15位同志，惨遭军阀褚玉璞杀害。1931年，天津各界人士在中山公园内立碑公祈。此碑在20世纪60年代被埋入地下。1984年由天津市人民政府复立。

　　纪念碑通高6.6米，周长20米。碑身呈塔状，以豆青石刻制，方形基座采用白色大理石砌筑，庄严肃穆。

　　1991年，天津十五烈士纪念碑由天津市人民政府公布为第二批天津市文物保护单位。

天津十五烈士纪念碑全景

纪念碑碑座文字（一）

纪念碑碑座文字（二）

纪念碑碑座文字（三）

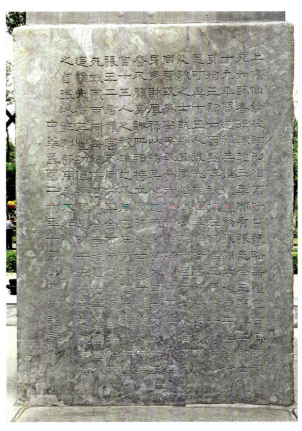

纪念碑碑座文字（四）

霍元甲故居、墓

霍元甲故居、墓位于天津市西青区精武镇小南河村。霍元甲世居于此，其故居位于小南河村内，其墓位于小南河村南。

霍元甲（1869～1909年），清末著名爱国武术家。师从其父霍恩第，修习祖传"秘宗拳"，并访贤问道，汇各派之精华，将祖传"秘宗拳"发展为"秘宗艺"，开创了一代武林新风。曾在天津、上海屡败俄、英、日武术高手，并于1909年在上海创立中国精武体操会，后改为精武体育会。

霍元甲故居始建年代不详，原为砖瓦四合院式建筑，民国二十八年（1939年）改建为土坯房。1976年在唐山大地震中房角塌落，1987年重修。1997年经市、区文化部门组织修复为砖瓦四合院。现霍元甲故居由北房、东西厢房、门楼、一字影壁组成。

霍元甲墓是1989年4月霍元甲棺木迁葬于此时修建。包括墓和石牌坊，均置于神道之上，墓位于神道尽端的方形须弥座之上。须弥座高出地面1.8米，四周镶有1米高的汉白玉护栏。墓前竖有高1.5、宽0.75米的墨色墓碑一通，碑阳镌刻"霍元甲之墓"五个大字，碑阴镌刻霍元甲生平简历。

1991年，霍元甲故居、墓由天津市人民政府公布为第二批天津市文物保护单位。

霍元甲故居院落入口全景

门楼

正房外景

正房正堂内景

正房东梢间内景

正房西梢间内景

正房东次间内景

西厢房外景

西厢房北侧内景

西厢房南侧内景

霍元甲墓牌坊

霍元甲墓神道

霍元甲墓冢

霍元甲纪念园

于方舟故居、墓

于方舟故居、墓包含革命先烈于方舟的故居、衣冠冢及雕像。于方舟故居位于天津市宁河区俵口乡解放村北，于方舟墓位于宁河区烈士陵园内，于方舟雕像位于宁河区方舟公园内。

于方舟（1900～1928年），中共天津党组织创始人之一，生前曾与周恩来在天津一起从事革命活动，创建了"新生社"。1927年12月31日在玉田县领导农民暴动时被害，壮烈牺牲。

于方舟故居始建年代不详，曾于民国三十二年（1943年）翻建。1976年在唐山大地震中损毁，后市政府拨款按原貌恢复，粉刷油漆，美化庭院。修复后的于方舟故居有正房四间和厢房一间。正房的东二间为烈士生平事迹展览室，陈列有邓颖超、彭真、李瑞环、张明远、李运昌等国家领导人题词。故居门前有彭真题写"于方舟故居"匾额，院内设花池通道，栽植柏树，外有围墙。

于方舟衣冠冢高于地面1米，为方形台基。正面石阶围以花岗岩护栏和短墙。台基中央为墓碑，由刘格平题写"于方舟烈士之墓"。碑后有石棺一具，内放遗物。中央为烈士半身塑像，均为汉白玉制作。像基呈四方形，正面为李瑞环题写"津门之光"。

于方舟故居、墓是缅怀革命先烈、弘扬革命精神、开展爱国主义教育的重要基地。

1991年，于方舟故居、墓由天津市人民政府公布为第二批天津市文物保护单位。

于方舟烈士雕像

故居正房

故居入口

故居内檐

故居复原陈列

于方舟烈士墓

女星社旧址

女星社旧址位于天津市河北区宙纬路三戒里 46 号。其初设于天津市河北区大经路(今中山路)五昌里 11 号,后迁至河北区中山路达仁里 2 号(原 10 号)。1993 年,迁建至此,并辟为邓颖超纪念馆。

女星社是我国早期的妇女运动组织,由邓颖超于 1923 年 4 月在达仁学校任教时创办。该社曾编辑、出版《女星》旬刊和《妇女日报》等刊物,在社会上产生了广泛影响。

旧址原为砖木结构硬山顶平房六间,拱券大门,占地面积 257 平方米。迁建后的建筑占地面积 371 平方米,建筑面积 294 平方米。

女星社旧址是近代中国女性参与革命活动的历史见证,亦是当代天津市重要的爱国主义教育基地和红色旅游基地。

1992 年,女星社旧址由天津市人民政府公布为天津市文物保护单位。

旧址入口正面

旧址大门   旧址入口侧面

近现代重要史迹及代表性建筑·女星社旧址

203

天津女星社简介

　　天津女星社，存在于 1923—1925 年间，创立者为邓颖超、李峙山、谌小岑等一批青年马克思主义者和进步分子，社员 20 余人，以后又发展了一些社友，其宗旨是："实地拯救被压迫妇女"，"宣传妇女应有的革命精神"，"力求觉悟女子加入无产阶级的革命运动。"它以《女星》旬刊（后改为周刊）和《妇女日报》为阵地，向残害、压迫妇女的封建礼教和社会恶势力，向帝国主义和反动军阀，展开了猛烈进攻。它还联合社会进步力量，为改革女子教育，为改善妇女的社会地位，为拯救受残害的妇女，为声援各地的工运（特别是女工运动），做了大量有益的工作。女星社在天津以至全国产生了广泛影响。由于女星社鲜明的革命性，受到北洋政府的镇压，邓颖超受通缉。1925 年春被党派到广州，女星社其他骨干也陆续离津，女星社停止了活动，完成了它的历史使命。

　　　　　　　　　　　　　　　　　　　　　　　　　一九九八年十二月

女星社简介

大清邮政津局旧址

　　大清邮政津局旧址位于天津市和平区解放北路 109 号，始建年代不详，曾于 1884 年至 1915 年作为大清邮政津局的办公楼使用。

　　天津是中国近代邮政的发源地，也曾是中国近代邮务管理中心和邮运组织中心。1878 年 3 月 9 日，清政府批准创办了"天津海关书信馆"，受直隶总督兼北洋大臣李鸿章和中国海关总税务司英国人赫德指派，天津海关税务司、英籍德国人德璀琳于当年 3 月 23 日在津海新关大公事房内（今营口道 2 号），开始收寄中外公众邮件，这是中国最早出现的邮政机构。同年 7 月向全国发行了中国第一套邮票——大龙邮票。1880 年 1 月 11 日，书信馆改名为天津海关拨驷达局（英语 POST 音译，即海关邮局）。1884 年迁入此楼办公。1897 年 2 月 2 日改名为大清邮政津局。1912 年大清邮政改为中华邮政，大清邮政津局改称直隶邮务管理局，直至 1915 年 8 月迁出。

大清邮政津局旧址全景

大门

　　大清邮政津局旧址是一座欧洲古典主义建筑，且兼具一定的中国地方建筑特色。该建筑平面呈回字形，砖木结构，主体二层，带半地下室。外檐用青砖砌清水墙，立面砖砌薄壁柱，柱间设双联拱券窗。砖雕花饰极为细腻，屋檐采用古希腊瓦饰，但许多纹样采用了中国传统建筑装饰。

　　大清邮政津局旧址作为法租界较早的建筑之一，其施工工艺精美，是天津近代早期西洋建筑中的精品。

　　1997年，大清邮政津局旧址由天津市人民政府公布为第三批天津市文物保护单位。

旧址塔楼

砖雕细部

转角楼梯

楼梯侧面

原英国俱乐部（英国球房）

　　原英国俱乐部位于天津市和平区解放北路 201 号，建于清光绪三十年（1904 年），是当时供英国驻津高级警官、军官及侨民议事及娱乐的场所。

　　该建筑为地上主体二层、带半地下室的砖木结构楼房，建筑面积 2633 平方米。建筑采用对称式布局，红砖砌筑，中间设扇形高石阶入口。正面外檐台基之上立二层通高的爱奥尼巨柱。正门上方筑弧形阳台，并饰巴洛克式山花，窗楣作盾形雕花装饰。建筑室内装修豪华，曾设网球厅、台球厅、舞厅、客厅、餐厅、酒吧及浴室。各厅均有希腊式立柱、古典吊灯，屋顶、走廊及护栏均有精美雕花装饰。

　　该建筑在第二次全国文物普查过程中被定名为原英租界球房。

　　1997 年，由天津市人民政府公布为第三批天津市文物保护单位，重新定名为原英国俱乐部（英国球房）。

208

原英国俱乐部正立面

原华俄道胜银行大楼

原华俄道胜银行大楼位于天津市和平区解放北路121-123号，于1897年兴建，曾是华俄道胜银行天津分行所在地。

华俄道胜银行由俄、法联合发起成立，总行设在彼得堡。清光绪二十二年（1896年）在上海设分行，次年在天津设分行。首任买办为王铭槐，继任者为孙仲英。1926年银行停业。

原华俄道胜银行大楼为二层砖木结构建筑，平面呈"L"形布局，转角为弧形。外墙黄色面砖饰面，窗口及檐部做水刷石装饰线脚，开半圆形券窗和上饰人字形山花的平窗。檐口采用波迭式六角装饰女儿墙，弧形转角处顶部设穹隆顶，上有采光亭。建筑室内装修考究，木饰精美，是具有俄罗斯风格的古典主义建筑。

该建筑在第二次全国文物普查时定名为原华俄道胜银行天津分行大楼。

1997年，由天津市人民政府公布为第三批天津市文物保护单位，重新定名为原华俄道胜银行大楼。

原华俄道胜银行大楼夜景

原华俄道胜银行大楼全景

大门

一层窗户

李吉甫旧宅

李吉甫旧宅位于天津市和平区花园路 12 号，建于 1918 年，由乐利工程公司瑞士建筑师陆甫设计。

李吉甫（? ～ 1927 年），天津人，英商仁记洋行买办。其家族是天津本帮买办的典型代表，民间称其"仁记李"。自其父李辅臣至其弟李志年，父子相继几十年积累大量财富。

李吉甫旧宅为合院式布局的仿英庭院式楼群。主体建筑地上二层带半地下室，砖木结构。入口为 3 个带方钢透孔花饰的拱券门廊。大厅中央设有两层高的十字拱顶，四角为爱奥尼柱式，二层回廊四角各有两根塔司干柱式支撑檐部及十字叉拱顶。外檐为红砖清水墙，局部设白色抹灰线脚装饰。整座建筑造型对称稳重，是折中主义风格建筑。

1997 年，李吉甫旧宅由天津市人民政府公布为第三批天津市文物保护单位。

主楼正立面

主楼走廊透窗

主楼正立面局部

主楼侧立面

主楼走廊入口透窗

主楼走廊局部

主楼走廊局部

内院天井

原光明社位于天津市和平区滨江道143号，建于1919年，由英籍印度人巴厘建造。

该建筑建成后即名光明社。1927年转由上海联华影片公司罗明佑接管经营，更名光明电影院。20纪30年代，曾做戏曲演出，更名光明大戏院，沦陷时期，被日军没收，改由日商华北影片公司经营。

该建筑为四层砖混结构，分为门厅、过厅、观影厅三部分。门厅三开间，观影厅置于其后。建筑立面采用三段对称设计，中轴线首层为横排玻璃门窗，山花门楣上有"光明社"字样。二至四层为纵向玻璃窗，窗框周边饰浮雕，外廊饰以几何形琉璃砖面。顶部筑三层楼阁式塔亭，两侧以山花状女儿墙陪衬。整座建筑造型匀称美观，具印度伊斯兰建筑风格。

1997年，原光明社由天津市人民政府公布为第三批天津市文物保护单位。

两侧屋顶

中部屋顶塔亭

原光明社外景

原开滦矿务局大楼

大楼柱式

原开滦矿务局大楼位于天津市和平区泰安道7号,建于1919～1921年,由英商同和工程司美籍工程师爱迪克生和达拉斯设计。

该建筑为三层带半地下室混合结构,平面呈矩形,建筑面积9180平方米,为希腊古典复兴主义建筑。门前设高台阶,石质,台阶两侧筑水磨石古典式花盆4座,台阶后设坡道。主入口外檐为14根二层通高的爱奥尼巨柱式空廊,空廊两端墙面转角作壁柱装饰。三层简约开窗,檐口线脚绵密、层层出挑。楼内中部是贯通三层的大厅,原为舞厅,以爱奥尼式大理石立柱支撑,涡卷柱头均以紫铜板制成,厅顶为半圆形拱顶作井字分格镶彩色玻璃和雕饰。厅内地面饰彩色马赛克,周围作大理石墙裙。大厅南北走道各向东西端延伸组成二楼内廊通道,廊顶亦为半圆拱顶。办公用房沿内廊两侧设置,主要房间内设有木质古典壁柱和古典式壁炉。

原开滦矿务局大楼形体高大挺拔,外形庄严肃穆,室内外装修雍容华丽,具有较高的艺术价值。

1997年,原开滦矿务局大楼由天津市人民政府公布为第三批天津市文物保护单位。

原开滦矿务局大楼正立面

原开滦矿务局大楼全景

大楼侧面台阶

大楼门楣装饰

张学良旧宅位于天津市和平区赤峰道78号。该建筑是以张作霖五夫人张寿懿的名义购进，20世纪二三十年代张学良来津时常住于此。

张学良（1901～2001年），字汉卿，张作霖长子，东北讲武学堂毕业，著名的国民革命军将领。历任旅、师、军长、讲武学堂校长、军团司令、东北保安司令、东北边防司令长官、全国陆海空军副总司令等职。1936年12月12日，与杨虎城发动西安事变，迫使蒋介石接受停止内战一致抗日的主张，从而促成了挽救国家民族危亡的统一战线，推动了国共第二次合作。

张学良旧宅为三层砖混结构西式楼房，建筑面积1418平方米。立面中央前凸主入口门廊。二、三层逐层内收，形成露台，外围水泥镂空护栏。立面左侧转角为弧形，右侧作直角。整座建筑造型精美、层次感强。

1997年，张学良旧宅由天津市人民政府公布为第三批天津市文物保护单位。

门廊花饰

入口喷泉

张学良旧宅正面

一层内景

原花旗银行大楼

原花旗银行大楼位于天津市和平区解放北路 90-92 号，建于 1921 年，由建筑师亨利·穆菲和达那设计，建成后作为美国花旗银行天津分行营业。

花旗银行创办于 1812 年，总行设于美国纽约，原为民营商业银行。1926 年美国政府加入股本，改为官商合办，被指定为代理国库银行。天津分行于 1916 年开业，行址初设在英租界中街通济洋行旧址，1918 年自英侨娄利司转租得地皮，动工兴建新址。花旗银行大楼建成后，同年迁入营业。

原花旗银行大楼主体三层，设地下室，为西洋古典主义建筑。主入口外檐由 4 根爱奥尼式巨柱支撑，构成二层高门廊，廊前铺砌欧式石阶。营业大厅内立 7 根方柱，内墙面有壁柱，顶部有精细雕花。

1997 年，原花旗银行大楼由天津市人民政府公布为第三批天津市文物保护单位。

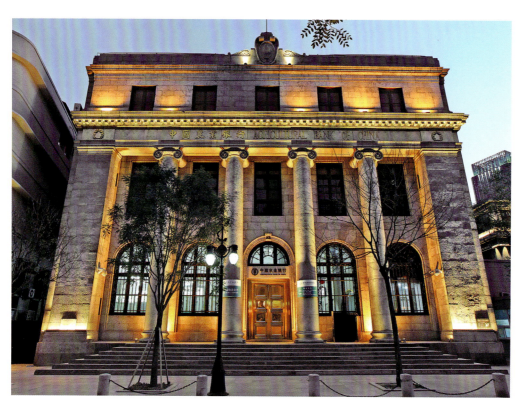

原花旗银行大楼夜景

原花旗银行大楼全景

门上券窗

柱头样式

檐口

屋顶装饰

原怡和洋行大楼

　　原怡和洋行大楼位于天津市和平区解放北路 155-157 号，建于 1921 年，建成后作为英国怡和洋行天津分行营业。

　　怡和洋行主要经营航运、军火、仓储、保险等业务，是最早向中国贩卖鸦片的英国洋行。除远洋航运外，亦有客、货轮定期往返津穗、津沪之间，并借助子口税特权对中国航运实施垄断。清同治六年（1867 年），怡和洋行在天津设分行，是当时天津最大的外商洋行。其买办是广东帮开创者梁炎卿。1921 年，改组后的怡和有限公司在津永租到现址地皮，建怡和洋行大楼。

　　该建筑为二层混合结构楼房，平面呈矩形，主入口位于临街长边中部。门口左右各立一科林斯式巨柱，上方为三角形山花门楣，经石阶进入门厅。外檐墙为水泥饰面，开有平窗，平顶出檐。该建筑在第二次全国文物普查中定名为怡和洋行天津分行旧址。

　　1997 年，由天津市人民政府公布为第三批天津市文物保护单位，定名为原怡和洋行大楼。

原怡和洋行大楼全景

222

沿街立面

223

转角局部

入口细部

孙传芳旧宅

孙传芳旧宅位于天津市和平区泰安道 17 号，始建于 1922 年，原为北洋政府财政总长张弧请法国永和工程司赫琴与慕乐联合设计的住宅。1933 年 6 月，该宅由孙传芳以周佩馨的名义购入并自住。

孙传芳（1882～1935 年），山东历城人，毕业于北洋陆军速成学堂和日本陆军士官学校，曾任福建、浙江督军。1925 年自立浙、闽、苏、皖、赣五省联军，自封总司令。后因纠集残部南下被击溃，寓居天津。1935 年 11 月 13 日在佛教居士林被施剑翘枪杀。

孙传芳旧宅为二层砖木结构楼房，建筑面积 2628 平方米，占地面积 5278 平方米。平面呈工字形，外檐水泥饰面。建筑主入口由 4 根爱奥尼式柱支撑，出檐形成门廊。两侧作对称式布局，一层开窗，二层设外廊。屋顶中部有装饰性凉亭，三角形山花装饰，亭顶置旗杆，颇具特色。整座建筑造型典雅，具有较高的艺术价值。

1997 年，孙传芳旧宅由天津市人民政府公布为第三批天津市文物保护单位。

孙传芳旧宅全景

建筑主入口

原浙江兴业银行大楼

原浙江兴业银行大楼位于天津市和平区和平路 237 号，建于 1922 年，由华信工程司建筑师沈理源设计，建成后作为浙江兴业银行天津分行营业。

浙江兴业银行创立于 1907 年，总行原设于杭州，后迁往上海。1915 年成立天津分行，该行除经营各种存放款和汇兑业务外，还发行带有天津地名的兑换券。1952 年 12 月 15 日，该行与天津市其他银行合并成立公私合营银行天津分行，浙江兴业银行天津分行业务正式结束。

原浙江兴业银行大楼为混合结构，主体二层，局部三层。平面近似三角形，入口设在和平路和滨江道交叉口转角处。入口为两层立柱外廊，一层为塔司干柱式，二层为爱奥尼柱式。一层柱廊内砌白色大理石十级高台阶通向门厅，门厅两侧立大理石方柱 4 根。门厅背后为圆形交易大厅，环绕大厅立有圆形大理石柱 14 根，汉白玉柱头上有交圈的环形梁，梁内侧为汉白玉和大理石饰面，上雕中国古钱币图案，厅顶为半球形钢骨架，镶玻璃采光。整座建筑为古典主义风格，细部做工精美。

2013 年，天津恒隆地产有限公司对原浙江兴业银行大楼进行了修缮。

1997 年，原浙江兴业银行大楼由天津市人民政府公布为第三批天津市文物保护单位。

入口

屋顶局部

大门雕花装饰

壁柱

正面窗户

原浙江兴业银行大楼全景

章瑞庭旧宅

章瑞庭旧宅位于天津市和平区花园路9号，建于1922年，由奥地利建筑师盖苓设计。

章瑞庭（1878～1944年），天津著名实业家，开办有恒记德军衣庄、恒源纺织股份有限公司等。其热心教育事业，曾为南开中学一次捐资十万元修建瑞庭礼堂。

章瑞庭旧宅为砖木结构，三层带地下室和阁楼，混水墙面。平面依地势三面临路，主入口由高台阶上大平台，两侧设门进入半圆形花厅，厅内有4根八面体柱子，柱身收分，柱间以喷水池点衬。花厅彩色玻璃窗拼镶成风景图画，颇有意趣。花厅两侧为弧形外廊，与三层立面、屋顶宝瓶栏杆形成虚实对比。中央阁楼屋顶为带有曲线的蒙莎顶，造型独特、美观。

1997年，章瑞庭旧宅由天津市人民政府公布为第三批天津市文物保护单位。

章瑞庭旧宅正立面

入口

入口门廊　　　　　　　　　　　内景　　　　　　　　　　　彩色玻璃

原中央银行天津分行大楼

　　原中央银行天津分行大楼位于天津市和平区解放北路 115-117 号。建于 1925 年，由华信工程司建筑师沈理源设计，原为中华汇业银行。中央银行天津分行于 1936 年购得此楼。

　　1927 年 10 月，国民政府制定并颁行《中央银行条例》和《中央银行章程》，明文规定中央银行为国家银行。1928 年 11 月 1 日，中央银行在南京正式成立，宋子文、孔祥熙先后出任总裁。1931 年 4 月，中央银行在天津成立分行。

　　原中央银行天津分行大楼为三层带半地下室的砖混结构楼房。平面近似矩形，主入口设于临街长边中央，入口石阶同半地下室等高，大门门楣过梁上饰三角形山花线脚。入口两侧分别有 2 根爱奥尼式巨柱和 1 根方形巨柱，均为二层通高，承托钢混带状横檐。建筑三层略显简化，平顶，中部做波浪形山花，以强化中心对称式构图。建筑西侧整体多出一间，底层开券洞式旁门，

主入口

职员入口

为职员进入楼内的通道。

　　1997年，原中央银行天津分行大楼由天津市人民政府公布为第三批天津市文物保护单位。

原中央银行天津分行大楼全景

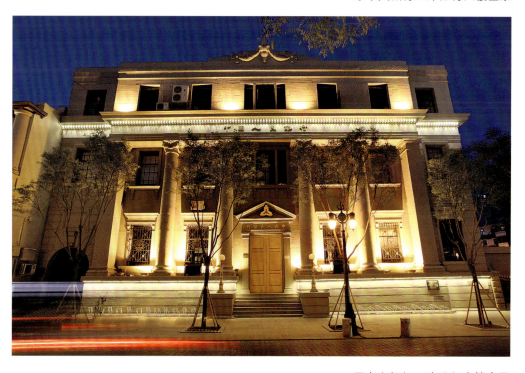

原中央银行天津分行大楼夜景

原汇丰银行大楼位于天津市和平区解放北路82号。此楼建于1924～1925年，由英商同和工程司设计，建成后作为英商汇丰银行天津分行营业使用。

汇丰银行成立于1865年，总行设在香港，曾在内地20余个城市开设分行。其天津分行筹设于1880年，1882年正式开业，是租界内最早的外资银行。行址初设于宝士徒道与河坝道（今营口道与台儿庄道）交口，1925年迁至解放北路82号。该行用高利率向清政府提供借贷，以关税、盐税作抵押，并拥有在中国发行纸币的特权，当时天津的每日外汇牌价均以汇丰银行为准。其首任买办为吴调卿，继任者为郭矩卿。

原汇丰银行大楼为三层钢混结构大楼，外檐立面以花岗岩饰面，显得高大雄伟。该楼主入口采用石砌基座，高台阶，两侧置4根三层通高的爱奥尼式巨柱，上承三角形山花。主入口两侧各设一旁门，以2根圆柱支撑门楣，门扇均为花饰铜门。营业大厅内四周沿墙立16根圆形大理石柱，富丽堂皇。

汇丰银行是天津近代租界区内最早设立的外资银行，是天津近代金融业兴衰的见证。

1997年，原汇丰银行大楼由天津市人民政府公布为第三批天津市文物保护单位。

232

外檐细部

柱头形式

正面出檐

原汇丰银行大楼全景

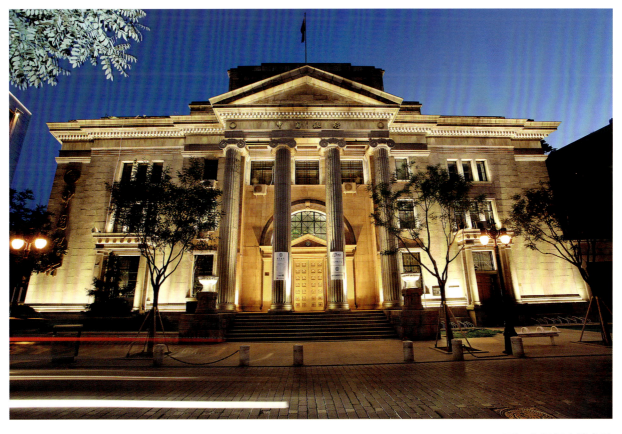

原汇丰银行大楼夜景

原麦加利银行大楼

　　原麦加利银行大楼位于天津市和平区解放北路 151-153 号，解放北路与大连道交口。该楼始建于 1925 年，由英商景明工程公司设计、监理完成。

　　麦加利银行为英国皇家特许的殖民地银行，1853 年创办于伦敦，初在澳洲及东南亚地区设有分支机构，1858 年在上海设分行，1896 年在天津设分行。该行是继汇丰银行之后在天津开设的第二大英资银行。徐朴庵、邓仰周先后担任该行买办。

原麦加利银行大楼南立面

原麦加利银行大楼为钢混结构，主体二层，带半地下室，平面布局近似平行四边形。出入口设在解放北路一侧，台阶两侧分设混凝土西式大花盆，正门立6根二层通高的爱奥尼式巨柱。建筑台基整体由花岗岩砌筑，外墙青砖饰面，门窗规整，做钢门窗、旋转门。楼内大厅地面为意大利大理石，经理室采用橡木席纹地板，盥洗室、衣帽间均为水磨石地面。主楼内部采用天井采光。建筑外侧局部设草坪，草坪边缘立短柱以铁索相连。

　　该建筑在第二次全国文物普查中定名为原麦加利银行天津分行大楼。

　　1997年，由天津市人民政府公布为第三批天津市文物保护单位，定名为原麦加利银行大楼。

原麦加利银行大楼全景

原麦加利银行大楼东立面

一层窗户

两侧局部

原横滨正金银行大楼

　　原横滨正金银行大楼位于天津市和平区解放北路80号，建于1926年，由英商同和工程司设计施工。

大楼奠基石

　　横滨正金银行总行设于日本横滨，1899年在天津设分行，充当日本中央金库代表，以支付日本在华北驻屯军的军费。抗日战争期间，该行通过向伪中国联合准备银行透支，支持在华日商向中国华北地区大量输出廉价原料、资源，牟取暴利，掠夺军需物资，支持侵华战争。1945年抗日战争胜利后，该行被没收。

原横滨正金银行大楼夜景

入口装饰

柱头样式

原横滨正金银行大楼正立面

　　原横滨正金银行大楼为主体三层、局部四层的混合结构楼房，建筑面积3150平方米。该楼整体采用花岗岩外墙饰面，正立面设8根二层通高的科林斯式巨柱，构成柱廊。廊后开纵向长条窗，一、二层窗以金属板分隔。中央主入口大门亦为金属板材质。该建筑为古典主义风格，造型稳重、华丽。

　　1997年，原横滨正金银行大楼由天津市人民政府公布为第三批天津市文物保护单位。

原万国桥

原万国桥位于天津市和平区解放北路西端，由法租界工部局于1927年主持建造，是一座用电力启动、中间可以开合的铁桥。

"万国桥"的前身为老龙头铁桥，初建于1904年。1927年重建之时，因为当时天津有"国中之国"的九国租界，不论哪国轮船通过此桥都得经过管桥单位开启桥梁，故取名万国桥，即国际桥之意。又因它是法租界工部局主持建造，民间称此桥为法国桥。1948年国民党天津市政府曾以蒋介石的字改名为中正桥，1949年天津解放后，此桥更名为解放桥，沿用至今。

该桥长96.7米，桥面总宽19.5米，横跨海河两岸。其建造先后耗资达190万两白银，是中国近代史上造价最为昂贵的桥梁之一，也是目前国内旧钢桥中唯一还能开启的百年老桥。

2008年7月，天津市人民政府对该桥按原貌修复，其钢铁结构桥身、电力启动和机械传动部分保持完好。

1997年，原万国桥由天津市人民政府公布为第三批天津市文物保护单位。

原万国桥全景

开启部件

桥体结构局部

庄乐峰旧宅

庄乐峰旧宅位于天津市和平区花园路10号，由庄乐峰于1926年购地，请德国建筑师毕伦特设计建造。

庄乐峰（1873～1949年），名仁松，号乐峰，江苏丹阳人。早年毕业于北洋水师学堂。曾与黎元洪筹办枣庄煤矿，任董事，并任天津英租界华人董事多年。他曾倡议并捐资创办了租界内第一所华人学校——天津公学，后改名为耀华学校。

庄乐峰旧宅依地形布局，坐东朝西。建筑为砖木结构，主体三层，局部四层，外檐墙饰面采用暖色调。正立面一至三层均做外廊，首层为入口门廊，二、三层廊内窗做古典壁柱装饰，窗下有别具风韵的花雕。孟莎式坡屋顶上开有眉形及半圆形老虎窗。室内装饰讲究。

2023年，对庄乐峰旧宅进行了结构加固和现状整修。

1997年，庄乐峰旧宅由天津市人民政府公布为第三批天津市文物保护单位。

庄乐峰旧宅正面

原东莱银行大楼

原东莱银行大楼位于天津市和平区和平路 289 号。建于 1930 年，由德国工程师贝伦特设计。

东莱银行成立于 1918 年 2 月，是一家私营独资金融机构。1919 年 3 月成立天津分行，初设于天津老城东门外宫北大街信成里，1921 年迁址宫北大狮子胡同。1926 年，东莱银行总行移设天津。1930 年该楼建成，东莱银行总部遂从旧址迁入新楼。

原东莱银行大楼为三层混合结构带半地下室的楼房。整体建筑平面近似梯形，北侧设过街楼，连接东西两部分。中间围合形成庭院，主入口在大楼转角处。建筑为折中主义风格，入口处前凸，两侧各有双柱承托挑檐，檐上

原东莱银行大楼全景

屋顶塔楼

243

拱门铁艺

做三角形山花，顶层设重檐塔楼，外檐采用壁柱式。室内采用欧式装修，设木楼梯，扶手栏杆刻有精细图案，半圆形窗用彩色玻璃镶嵌。

　　1997 年，原东莱银行大楼由天津市人民政府公布为第三批天津市文物保护单位。

方窗和券窗

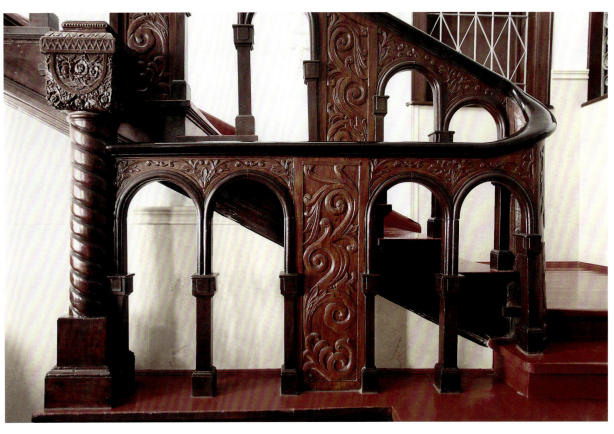

楼梯木雕

室内券窗

原中法工商银行大楼

原中法工商银行大楼位于天津市和平区解放北路74-78号，始建于1919年。1925年，中法工商银行天津分行在此开业。

中法工商银行前身是中法实业银行，创办于1913年，为中法合办金融机构，总行设在巴黎。1921年中法实业银行宣告歇业，改组为中法工商银行，天津分行1925年开业，张鸿卿、陈及三、王采丞、张晋卿、阎治华等人曾先后出任该行买办。原中法工商银行大楼建成后进行了不同程度的增建，1932年由法商永和营造公司设计改造，1936年再次增建成如今的规模和形制。

该楼为混合结构、砖砌墙体。主体四层带半地下室。其平面近似梯形，首层转角处设营业大厅，两侧分别设经理室和接待室。二层为办公室，三层为普通职员住房，四层为高级职员住房。地下室有保险库两间。大楼整个外饰面采用水刷石做法，入口处立面分为三段式。底段是以主入口为中心向两侧沿弧线对称排列的10根科林斯式巨柱，形成二层高的前廊（沿解放路一侧设方形壁柱）。中段矩形开窗，装饰较少。上段设塔司干双

入口柱式

入口细部

柱式外廊。上下柱廊与中段墙面虚实对比强烈，使建筑立面显得十分丰富。

　　1997年，原中法工商银行大楼由天津市人民政府公布为第三批天津市文物保护单位。

原中法工商银行大楼全景

元隆孙旧宅

元隆孙旧宅位于天津市和平区新华路120号。原为轮船业主麦信坚旧宅，由中国工程司建筑师阎子亨设计。1933年，"元隆孙"购入该宅居住，并加盖东、西二楼。

"元隆孙"是指创始与经营元隆绸布店的孙氏家族。孙氏家族是民国时期天津商界"新八大家"之一，开办了包销裕元纱厂全部棉纱的庆生棉纱庄，并拥有元聚、元裕、通成兴、隆生等棉纱庄和晋丰、祥生、庆益等银号。

元隆孙旧宅为矩形院落式宅邸，由并列的西楼、中楼、东楼，以及围合的院门院墙组成。楼房以红色清水砖墙饰面，台基、屋檐、窗口等处做水刷石线脚装饰。其中，中楼立面为纵向五段式对称构图，中段三层、两侧四层、两尽端三层；主入口位于中段二层，前设八字形大台阶和平台；屋顶为多坡筒瓦屋顶，部分平屋顶。西楼三层，底层中部前凸作门厅，上承二层阳台；阳台门口两旁设古典式双圆柱直贯三层；屋顶有挑檐，上有透花饰女儿墙。

元隆孙旧宅院落内景

大门

中楼侧视

中楼正立面

东楼两层，正立面中部设入口门厅；门厅前砌石台阶，两旁设爱奥尼式双圆柱；左右窗户两侧各设一方形壁柱，上承三角形山花。院门设在新华路一侧，仿三开间罗马凯旋门样式，中央一间为通高券柱式，两侧开间开小门，作房间使用。上下分别设高基座和女儿墙。

该旧宅作为天津近现代名人故居，在当代仍发挥着办公、旅游等重要作用。

1997年，元隆孙旧宅由天津市人民政府公布为第三批天津市文物保护单位。

原法国工部局

原法国工部局位于天津市和平区解放北路 34-36 号。始建于 1934 年，由比利时房产商义品公司设计建造。

法国工部局原隶属于法租界董事会下属工部局中的警察局，后单独改组为工部局，实为受法国驻津总领事馆领导的警察局。

大门式样

该建筑为四层钢混结构楼房，设半地下室。建筑立面采用三段式构图，底层有券洞式入口通入内院，顶层为孟莎式屋顶，建筑色彩大方明快。内院另有两座呈"L"形布局的楼房，一座为二层简易结构的马厩，另一座为四层楼房。楼房一侧原为法国工部局高级别职员居所，另一侧的一楼设为拘留所，二楼以上为巡捕的营房。

屋顶细部

原法国工部局是天津租界时期留存下来的重要场所，具有较高的历史价值。

1997 年，原法国工部局由天津市人民政府公布为第三批天津市文物保护单位。

原法国工部局全景

原法国工部局夜景

原新华信托银行大楼

　　原新华信托银行大楼位于天津市和平区解放北路 10 号。建于 1934 年，由华信工程司沈理源设计。

　　新华信托储蓄银行前身为新华储蓄银行，由中国银行、交通银行联合创办于 1914 年，总行设于北京。1917 年改组为商业储蓄银行。1918 年春，天津分行开业。因对外信誉欠佳，1931 年再次改组，将信托作为主营业务，更名为新华信托储蓄银行天津分行。

　　原新华信托银行大楼为框架结构，主体六层，局部八层。建筑平面近似矩形，主入口位于首层转角处，门楼二层通高。外立面横向分为三段式，首层开方窗，无装饰；二层以上外立面纵向开长条窗，楼层间以金属板划分，使整座建筑纵向感明显；顶层设二层塔楼。建筑整体强调竖向构图，造型庄重挺拔。

　　1997 年，原新华信托银行大楼由天津市人民政府公布为第三批天津市文物保护单位。

原新华信托银行大楼全景

正立面局部

中国大戏院

中国大戏院位于天津市和平区哈尔滨道 104 号。始建于 1934 年，1936 年 8 月建成开幕，是当时天津乃至全国规模最大、设备最新的戏院。

该戏院由曾任外交总长的顾维钧捐赠地皮，法国工部局翻译周振东、商贾孟少臣等出资兴建，乐利工程司洛普（Loup）和英国工程师杨（B. C. Yong）设计。建成开幕时，时任天津市市长的张自忠将军出席了典礼，京剧表演艺术家马连良领衔的扶风剧社在此首演，盛况空前。之后，更有中国京剧"四大名旦""四小名旦""四大须生"等各派名家，以及越剧、川剧、晋剧、汉剧、吕剧等众多名流莅临献艺。新中国成立后戏院曾进行多次改造和修建。

中国大戏院为混合结构，局部五层。外檐立面为朴素简练的现代建筑形式，采用米白色水泥饰面，局部以浅浮雕装饰。主入口设在南侧中部，以纵向线脚构图突出入口。剧场空间采用大跨度钢屋架，舞台区设有三道天桥，墙身、

中国大戏院正立面

舞台、顶棚的形状设计合理，音响效果良好。

　　中国大戏院在我国近现代戏曲艺术文化发展史中占有十分重要的地位，是我国近现代建筑受西方现代建筑运动影响的特殊产物。

　　1997年，中国大戏院由天津市人民政府公布为第三批天津市文物保护单位。

门厅

主舞台

观众席

渤海大楼

渤海大楼位于天津市和平区和平路277号，1934年由高星桥与清庆亲王载振（钟锐铨名义）合股投资始建，法商永和营造公司设计。该楼建成后，高星桥交与其子高渤海经营管理，故名渤海大楼。

渤海大楼是一座具有现代主义风格的高层建筑。建筑主体八层，局部十层，顶上有方形云亭，总高47米，内部结构十三层，建筑面积2648平方米。大楼坐北朝南，基底平面呈不规则的五边形，主体为现浇钢筋混凝土框架结构。建筑立面分为三段，首层以浅色大理石饰面，在一、二层之间设三道腰线，二层以上正面镶贴褐色麻面砖，背面是琉缸砖清水墙。建筑造型优美壮观，是天津早期现代高层建筑杰作之一。

1997年，渤海大楼由天津市人民政府公布为第三批天津市文物保护单位。

渤海大楼全景

耀华学校礼堂

　　耀华学校礼堂位于天津市和平区南京路106号，是1932年为耀华中学建造的大礼堂。

　　耀华中学由津门著名实业家、英国工部局华人董事庄乐峰倡建，是一所为英租界内中国纳税人子弟设立的学校。该校于1927年6月成立，原名为天津公学，校址初设于现湖北路，后又迁至新华路。1929年因学生增多，重新选址新建校舍（现址），并由英国工程师库克、安德森设计建成第一校舍。1930年和1931年分别建成第二、三校舍。1932年建大礼堂，后陆续建造第四校舍、图书馆和第五校舍。1935年，该校校董樊圃将其改名为耀华中学，即"光耀华人"之意。

　　耀华学校礼堂为顺应地势采用了"V"形布局，北向两端分别与第一、三校舍相连接，围合成一封闭的庭院。礼堂立面整体为红色清水砖墙，主入口做三开间白色水刷石饰面罗马柱，色彩对比鲜明，颇具特色。该建筑具有

礼堂舞台全景

耀华学校礼堂全景

礼堂入口

礼堂匾额

折中主义风格特征，是继承西洋古典传统的精华并加以发展的成功范例，具有较高的艺术价值。

　　1997 年，耀华学校礼堂由天津市人民政府公布为第三批天津市文物保护单位。

原安里甘教堂

原安里甘教堂位于天津市和平区浙江路2号，初建于1903年，后于1936年重建，是为天津的英国基督教安里甘教派信徒建造的教堂。

安里甘会，即圣公会，16世纪由英国国王亨利八世创建。1880年设立华北教区。1893年，英租界工部局将咪哆士道（今泰安道）一处空地划给教会，建成一座容纳60人的小教堂。但因无法满足使用需要，教会决定另建教堂。1900年6月安里甘教堂举行奠基仪式，后因义和团运动被迫停工。1901年再次开工，1903年建成。1935年，教堂遭受严重火灾，房屋几乎全部烧毁。之后教会着手重建，1936年重建完成并保留至今。

原安里甘教堂主堂全景

主堂正立面

主堂侧立面

附堂侧立面

附堂侧视

　　该教堂现有大小礼拜堂各一座，均为砖木结构，立面做清水砖墙。大礼拜堂建筑平面呈不规则状，主体为十字形，四周有圆形或方形的凸出空间。建筑主体一层，局部二层，部分设地下室。屋顶为十字交叉的牛舌瓦双坡屋面，十字中央立一尖形塔亭。南侧建有钟楼。小礼拜堂平面呈丁字形，单层，牛舌瓦双坡屋面。

　　原安里甘教堂建筑装饰简洁大气，颇具哥特式建筑特征，是天津地区具有代表性的宗教建筑之一。

　　1997年，原安里甘教堂由天津市人民政府公布为第三批天津市文物保护单位。

原金城银行大楼

原金城银行大楼位于天津市和平区解放北路108-112号，1937年由华信工程司著名建筑师沈理源设计改造。

1917年，中国近代银行家周作民，联合倪嗣冲、王郅隆、任凤苞、胡笔江等发起人开办金城银行，总行设于天津，并先后在京、沪、汉等地设分行。1936年，总行由天津迁往上海。1939年，该行存款居私人银行之首。

原金城银行大楼为砖混结构二层西式楼房。正立面为对称式构图，中部以壁柱做装饰，二层设4组爱奥尼式双柱承托挑檐，形成柱廊。主入口上方外跨半圆形阳台。该建筑装饰精美，造型别具一格。在第二次全国文物普查中定名为金城银行天津分行旧址。

1997年，由天津市人民政府公布为第三批天津市文物保护单位，定名为原金城银行大楼。

二层柱式

原金城银行大楼侧视

原金城银行大楼正立面

纳森旧宅

纳森旧宅位于天津市和平区泰安道7号，始建于民国时期，曾是近代天津开滦矿务局总经理纳森（英国）的宅邸。

该建筑群为传统中式四合院，正房、厢房均为硬山建筑，砖木结构，青砖砌筑，绿琉璃瓦顶。正房面阔五间，前后出廊，檐下施以传统彩绘。院内方砖墁地。建筑整体做工精细，典雅幽谧，具有较高的历史、艺术价值。

1997年，纳森旧宅由天津市人民政府公布为第三批天津市文物保护单位。

大门

纳森旧宅入口全景

纳森旧宅俯视

院落转角

原中南银行大楼

　　原中南银行大楼位于天津市和平区解放北路 86-88 号，曾是近代中南银行天津分行所在地。该建筑原为二层建筑，1938 年经华信工程司沈理源设计增建为三层。

　　中南银行是 1921 年由印尼侨商、福建泉州人黄奕柱联合原交通银行北京分行经理、银行家胡笔江在上海共同投资开办的股份制银行，取中国与南洋华侨合作之意，故名中南银行。1922 年在天津设分行，主营存放款业务。

　　原中南银行大楼为钢筋混凝土框架结构三层建筑，平面为矩形，回廊式布局。建筑立面采用对称式构图，中央做金属花饰穹顶的塔楼。主入口做扇形石阶，上出伞罩式屋檐。外墙用花岗岩贴砌，檐部装饰横向线脚，配以高大壁柱。两侧设有旁门。建筑整体简洁明快，在第二次全国文物普查中定名为中南银行天津分行旧址。

　　1997 年，由天津市人民政府公布为第三批天津市文物保护单位，定名为原中南银行大楼。

原中南银行大楼正立面

原中南银行大楼全景

大楼入口

利华大楼

利华大楼位于天津市和平区解放北路114-116号，初建于1936～1938年，由法商永和营造公司工程师穆乐设计，法籍犹太人李亚薄（Marcel Leopold）投资兴建。

李亚薄，法籍犹太人。欧战时应征入伍，潜逃后买得瑞士护照流荡欧洲，经海参崴来津，借为法商利威洋行销售珠宝之机，经营军火、钟表等业务，成为暴发户，开设利华洋行，并由小商行发展成为经营金融、保险、放款、房地产的公司。

利华大楼总建筑面积6193平方米，主楼十层，副楼二至三层，主楼平面呈凸字形，与副楼之间围合成方形庭院。建筑为钢筋混凝土框架结构，方桩基础，现浇地梁。主楼用深棕色麻面砖贴面，镶大玻璃钢门窗。楼内中央设两部电梯，并设两跑式宽敞楼梯。室内护墙、门窗均以优质菲律宾木材精工制成，主要房间铺设人字纹地板。建筑整体设计为非对称式，方圆结合，高低错落，轮廓清晰，是典型的现代主义风格的高层建筑。

利华大楼为一栋集办公、高级公寓及金库等多种功能于一体的办公大楼，也是天津最早采用现代技术、具有现代功能的高层建筑之一。

1997年，利华大楼由天津市人民政府公布为第三批天津市文物保护单位。

利华大楼全景

利华大楼侧立面

原日"武德殿"

原日"武德殿"位于天津市和平区南京路228号，于1941年由日本武德会天津支部集资兴建，亦称"演武馆"。该楼曾是日本侵华人员习武健身及娱乐的场所，内有柔道、击剑、拳击等健身习武设施。

原日"武德殿"为二层砖木结构楼房，建筑面积2200平方米，是一栋仿日本古典宫殿式建筑。建筑立面采用对称式构图，中央主入口设2根圆柱上撑挑檐，两侧外檐上层饰白色抹灰，下层采用釉面瓷砖镶砌。屋顶为悬山顶，铺灰瓦，正脊用黑色布瓦堆筑。建筑内部由14根通柱支撑，一层为公寓用房，二层为演武厅。

该建筑在第二次全国文物普查中定名为原武德殿。

1997年，由天津市人民政府公布为第三批天津市文物保护单位，定名为原日"武德殿"。

原日"武德殿"正立面

天津市
文物保护单位概览
（下册）

An Overview of Major Historical and
Cultural Sites Protected at the Municipal Level in Tianjin

（第一批至第五批）

天津市文物局　编著

文物出版社

王仲山旧宅

王仲山旧宅位于天津市河西区浦口道21号，1900年由皖系军阀段祺瑞的军需官王仲山所建。

该旧宅建筑面积2480平方米，二层砖木结构，带半地下室，上筑阁楼。平面近似矩形，转角处设多边形角楼。建筑入口设高台阶，大理石饰面，双柱支撑折角门廊。立面窗的形式多样，一层为券窗、二层为矩形窗、顶层设老虎窗等。屋顶为牛舌瓦多坡屋顶。室内装修采用护墙板、筒子板、硬木人字地板，以及木制弧形楼梯，为德国传统装饰风格。另外，宅前庭院中设有中式六角凉亭。

1997年，王仲山旧宅由天津市人民政府公布为第三批天津市文物保护单位。

王仲山旧宅

旧宅背立面

旧宅院内凉亭

原德国俱乐部

原德国俱乐部位于天津市河西区解放南路 273 号，建于 1907 年，由德国建筑师考特（Court）、鲁斯·凯甘尔（Ruth Kigel）设计，曾是德国政、商界人士及居津侨民社交活动的重要场所。

该俱乐部为三层砖木结构建筑，建筑面积 3922 平方米。建筑整体以黄色抹灰饰面。一层设高台基，开半圆形拱券窗，窗台及门窗券皆用天然石料砌筑，二层开长条形券窗。屋顶为木屋架尖顶，铺牛舌瓦或瓦楞铁顶面，有阁楼和老虎窗，山尖和尖顶较多。楼梯立柱、护栏都有精美的雕刻，栏杆是由华美立柱支承的两跨连续小拱券，中间夹雕刻云彩头的实心栏板，两侧立柱雕刻绞绳状花纹。室内曾设台球厅、酒吧、礼堂、舞厅、餐厅等，大厅和过道都以半圆券和椭圆形券承重，显得更加壮观。整座建筑具有德国分离派特点。

1997 年，原德国俱乐部由天津市人民政府公布为第三批天津市文物保护单位。

原德国俱乐部全景

入口大门

内部楼梯

内部壁炉

张勋旧宅

张勋旧宅位于天津市河西区浦口道 6 号，建于 20 世纪初，由德国工程师考特（Court）、鲁斯·凯甘尔（RuthKigel）设计。

张勋（1854～1923年），字绍轩，晚号松寿老人，江西奉新人。1884年于长沙投军，1895年入袁世凯新建陆军，1906年任奉天辽北总统。民国时仍以清朝忠臣自命，其队伍仍留有发辫，被称为"辫军"。1917年以调停"府院之争"为名，率兵进入北京，于7月1日与康有为拥溥仪复辟，但12日为皖系军阀段祺瑞的"讨逆军"所击败，仅12天即告破灭，后蛰伏于天津。

张勋旧宅由东、西两楼组成，为德式建筑风格，建筑面积 4004 平方米。两楼均为二层砖木结构楼房，带半地下室，上筑阁楼。建筑外立面首层为拱券窗，二层为方窗，屋顶为红铁瓦大坡顶，设老虎窗，局部作尖顶。东楼一、二层外设通透柱廊，东侧顶部设尖顶塔楼，西楼正面设半圆形门厅，两楼以开敞柱廊相连接。院内有假山、凉亭。

1997 年，张勋旧宅由天津市人民政府公布为第三批天津市文物保护单位。

张勋旧宅东楼

吴毓麟旧宅

吴毓麟旧宅位于天津市河西区解放南路 292 号，建于 1921 年，由著名实业家庄乐峰出资建造，吴毓麟于 1931 年租住于此。

吴毓麟（1871～1944 年），字秋舫，回族，天津人，祖籍安徽歙县。毕业于北洋水师学堂，1921 年授海军中将衔，1923 年任交通总长，为直系保定派代表人物。1924 年直系失败后，退居天津。1930 年与吴季玉等组建利津公司，承办津武口岸盐务。1931 年与潘复等人组建德兴公司，承办蓟（州）、宝（坻）、宁（河）等旧官运六十一岸芦纲引地，任总经理。

吴毓麟旧宅全景

入口   内部楼梯

室内花窗

　　该旧宅建筑面积 2560 平方米，三层砖木结构，带地下室，红瓦大坡顶。门廊由双石柱支撑，外墙下层局部以水泥饰面。一、二层为大玻璃窗，顶层筑塔楼。该建筑外观奇特，有多种图案装饰，亦具古堡韵味。

　　1997 年，吴毓麟旧宅由天津市人民政府公布为第三批天津市文物保护单位。

原英国乡谊俱乐部主楼

　　原英国乡谊俱乐部主楼位于天津市河西区马场道 188 号，建于 1925 年，是由英国人建造的娱乐、消遣场所，楼内曾设餐厅、弹子球房、保龄球场、剧场、舞厅及游泳池等。1933 年与英国赛马会合并，亦称马场球房。

　　该建筑占地面积 3580 平方米，二层砖木结构，带地下室。主入口设在东侧，门前一字排列 4 根砖砌方柱，构成门廊。门廊上方施壁柱承托木制三角形山花，两侧分别设对称的弧形山花，金牛角圆券。建筑南侧立面做圆弧凸出，形成了多方位的曲线变化。建筑屋面铺红瓦，檐头有铁艺护栏。室内大厅设彩色玻璃穹顶采光，铺硬木地板。

　　该建筑造型富于变化，立面层次分明。

　　1997 年，原英国乡谊俱乐部主楼由天津市人民政府公布为第三批天津市文物保护单位。

主楼入口正面

主楼入口侧视

入口楼梯

主楼内部楼梯

主楼内景

主楼内天井

主楼内部楼梯

主楼屋顶彩色玻璃

楼梯细部装饰

南开学校范孙楼

　　南开学校范孙楼位于天津市南开区南开四马路 22 号，南开学校院内东南部。该楼建成于 1929 年，是为纪念近代著名教育家、南开学校创办人严修（字范孙）先生而建造。由时任校长张伯苓倡议，海内外校友捐资，中国工程司著名建筑师、校友阎子亨设计。

　　该建筑占地面积 1568 平方米，建筑面积 4649 平方米，三层砖混结构，局部四层，带地下室，平屋顶。建筑坐西朝东，平面呈主字形。首层中部为大厅，沿内廊四周设教学和办公用房。二层为部分办公及辅助用房，并有开放平台。主入口门廊设爱奥尼式柱廊，墙体转角处饰壁柱。建筑布局合理、实用，造型具有中西融合的特色。

　　1997 年，南开学校范孙楼由天津市人民政府公布为第三批天津市文物保护单位。

南开学校范孙楼全景

入口

图书馆入口

严范孙先生塑像

原直隶女子师范学校主楼

　　直隶第一女子师范学校旧址位于天津市河北区天纬路4号，建于1906年，是天津最早的一所官立女子学校，也是中国近代较早的新型女子学校，简称"女师"，邓颖超、刘清扬、郭隆真等均曾在此校就读，并在此参与民主革命活动。

　　1937年天津沦陷，因校址被日军占用，学院暂时迁到西安、兰州等地，教学楼遭受一定程度的破坏。抗战胜利后，女师迁回天津旧址复校。新中国成立初为综合类艺术院校。1980年，经国务院批准为天津美术学院，延续至今。学校现分南北两院，仅北院遗存一座罗马式教学楼（习称北大楼），原为二层砖木结构，后因学校的发展需要整修改建为三层混合结构，带地下室。红瓦坡屋顶，爱奥尼式柱支撑三层高门厅，上筑山花，坡顶正中有八角形拱顶阁楼。

　　1997年，由天津市人民政府公布为第三批天津市文物保护单位，定名为原直隶女子师范学校主楼。

原直隶女子师范学校主楼全景

主楼室外台阶

主楼背立面

主楼主入口

袁氏旧宅

袁氏旧宅位于天津市河北区海河东路39号，建于1918年，原为袁世凯亲信袁乃宽（1868年～？）的住宅。

袁乃宽1910年任天津知县，1923年任内阁农商总长，次年去职，居于天津。

袁氏旧宅占地面积773平方米，由主、附楼组成。主楼为三层砖木结构，局部两层，红色陡坡屋顶。建筑平面呈"V"形，以八角覆钟式高耸塔楼为中心，呈对称放射状布局。主楼东侧的二楼平台上筑有尖穹顶凉亭，与塔楼相互映衬，门厅以方柱与圆柱组合支撑。建筑造型优美、参差错落。附楼位于主楼东北侧，为二层建筑，与主楼有通道相连。

2004年，对袁氏旧宅进行了全面修复。

1997年，袁氏旧宅由天津市人民政府公布为第三批天津市文物保护单位。

袁氏旧宅外檐局部

袁氏旧宅全景

内景

汤玉麟旧宅

汤玉麟旧宅位于天津市河北区民主道 38 号，建于 1922 年。此宅原为曾任交通总长的吴毓麟所有，1934 年被汤玉麟购入。

汤玉麟（1871～1949 年），字阁臣，祖籍山东，1928 年任热河省政府主席，1933 年免职后避居天津。

旧宅为两层带半地下室的砖混结构小楼，占地面积 4323 平方米，建筑面积 3341 平方米。底层外墙为花岗岩砌筑，开圆拱楼门，门上为外跨阳台，瓶式围栏。二层除门楼外采用红色清水砖墙，通过色彩对比突出门楼。屋顶为平顶筑瓶式围栏，檐下牛腿支撑。小楼西侧连接一半圆舞厅，彩色玻璃镶嵌穹顶，开连拱窗。楼内设有大客厅、接待室、卧室、卫生间、厨房、舞厅等，装修华丽。

汤玉麟旧宅正立面

圆窗　　　　　　　　　　　　　　　　　　汤玉麟旧宅背立面

外檐雕花装饰

屋顶局部

　　汤玉麟旧宅建筑立面装饰丰富，开窗形式多样，具有折中主义风格。

　　2008 年，对汤玉麟旧宅进行整体修复。

　　1997 年，汤玉麟旧宅由天津市人民政府公布为第三批天津市文物保护单位。

原意国领事馆

　　原意国领事馆位于天津市河北区建国道 14 号，建于 1930 年。该领事馆曾是意租界的最高权力机关，对外以意租界工部局名义行使权力。历任意国驻津领事多在此办公。

　　原意国领事馆为意式风格的花园别墅，占地面积 9400 平方米，建筑面积 1800 平方米。主体建筑坐南朝北，砖木结构，二层带半地下室。坡顶出檐，檐下木架支撑，顶部正中设坡顶采光阁楼。外墙为红砖清水墙，墙角施剁斧石，一二层间饰腰线，色彩对比明快。门窗顶部均采用美术釉面砖装饰。

　　1997 年，原意国领事馆由天津市人民政府公布为第三批天津市文物保护单位。

原意国领事馆正立面

原意国领事馆全景

窗饰细部

内景楼梯

遗存家具

原瑞蚨祥绸布店

原瑞蚨祥绸布店位于天津市红桥区估衣街 44 号，始建于 1908 年，曾是山东籍商人孟雒川在估衣街开设的棉布庄。

瑞蚨祥创建于 1862 年，总店在济南。20 世纪初在天津开设分店，初设在北门外竹竿巷内。1908 年，在锅店街开设瑞蚨祥鸿记门市部。1921 年，在估衣街东口开设西号。1932 年在估衣街西口开设瑞蚨祥庆记。1953 年，鸿记、庆记并入西号，1956 年公私合营后转为国营。1986 年瑞蚨祥在估衣街又恢复其字号，经营品种有所增加。

原瑞蚨祥绸布店由前院、营业厅和后楼组成，建筑面积 1320 平方米。建筑坐北朝南，砖木结构。前院为天井式，顶部为钢制大罩棚，前檐饰铁花护栏。

原瑞蚨祥绸布店全景

正立面

大门彩画

营业厅为二层外廊式，楼上正中空间上设隔扇式天窗。后楼为经理室、账房等。店堂宽宏，内外装修古朴典雅，具有中国传统商业建筑的风格。

1997年，原瑞蚨祥绸布店由天津市人民政府公布为第三批天津市文物保护单位。

砖雕（一）

砖雕（二）

砖雕（三）

琉璃正吻及垂兽

北塘炮台遗址

北塘炮台遗址位于天津市滨海新区塘沽北塘镇永定新河（蓟运河旧河道）入海处的南北两岸，是为抵御外敌修建的炮台，自明朝至近代多次修筑。

明嘉靖年间（1522～1566年），为防倭寇骚扰，

在北塘河口东、南两隅各筑高垒一座，上置铁炮，史称"北塘双垒"。鸦片战争爆发后，为加强海口防御，清道光二十一年（1841年），直隶总督讷尔经额来北塘设防，把北塘炮台扩建为5座，与大沽口炮台相互呼应，形成严密的防卫格局。道光（1821～1850年）、同治（1862～1874年）、光

仁正营炮台遗址外围防护墙

绪（1875～1908年）年间清政府多次派人维修北塘炮台，至"庚子事件"前，建有义胜营、仁副营、右营、左营、仁正营五座营盘。1901年根据《辛丑条约》北塘炮台被迫拆毁，弃置至今。

义胜营炮台遗址南北长约350、东西宽约180米，有多处三合土夯筑遗迹，遗址区被现代坟墓覆盖。仁副营炮台遗址仅存三合土夯筑残墙一段，南北长16、东西宽4、高2.3米。仁正营炮台遗址现存有炸开的炮塔和台基若干块。

左营炮台遗址

右营炮台遗址所在三河岛航拍

右营炮台遗址远景

右营炮台遗址西侧

右营炮台是一座方形炮台，占地约 4 万平方米，多处残存三合土夯筑遗迹。左营炮台遗址现仅存三合土夯筑残墙一段，东西长 15、南北宽 3、高 1.2 米。

北塘炮台遗址是我国古代海防大尺度线性遗产的节点之一，有重要的历史、社会和艺术价值。

2013 年，北塘炮台遗址由天津市人民政府公布为第四批天津市文物保护单位。

亚细亚火油公司
塘沽油库旧址

亚细亚火油公司塘沽油库旧址位于天津市滨海新区塘沽三槐路86号，建于1915年，曾是英国、荷兰两国在中国石油产品贸易的专门转运经营机构。

现保留有一座英式二层办公楼和两个圆形储油罐。办公楼为砖混结构，坐北朝南，红墙灰顶、西式四坡顶、大出檐。正立面有门廊。一楼为五间房，有木楼梯通向二楼。二楼共九间房，分作办公室、寝室、卫生间等。房间均铺设木质地板。走廊设券顶，两侧开木质门窗。两座油罐由金属板材铆制而成，高约15、基座直径约29米。

亚细亚火油公司塘沽油库旧址至今已有近百年历史，是西方列强对中国进行经济渗透的历史见证，为天津近代重要的历史遗存。

2013年，亚细亚火油公司塘沽油库旧址由天津市人民政府公布为第四批天津市文物保护单位。

公事楼全景

公事楼正立面

公事楼内景

公事楼门窗

早期修建的储油罐

日本新港港湾局 办公厅旧址

　　日本新港港湾局办公厅旧址位于天津市滨海新区塘沽办医街 20 号。日本侵占华北以后，为加速掠夺中国的战略物资，于 1940 年在塘沽建设新港的同时，修建了港湾局办公厅，作为其驻新港的管理机构。办公厅旧址坐东朝西，为砖木结构单层式建筑群，双坡起脊式屋顶，呈中轴线布局，东西长约 135、南北宽约 100 米，共有大小房间 60 余间，占地面积 12000 多平方米。位于中轴线上的主体建筑物将整座建筑群分割为南、北两个封闭的院落，有内部走廊将整座建筑群连通。

　　日本新港港湾局办公厅旧址是目前天津港地区留存的日本帝国主义对我国进行大规模侵占掠夺的历史见证物。设立"劳工营"、造成"万人坑"等历史事件与塘沽新港港湾局有着密不可分的关联。

　　2013 年，日本新港港湾局办公厅旧址由天津市人民政府公布为第四批天津市文物保护单位。

旧址主入口

旧址次入口

旧址内走廊

海河防潮闸

　　海河防潮闸位于天津市滨海新区塘沽渤海湾海河干流入海口处，建于1958年，是一座泄洪、挡潮、蓄淡等综合利用的大型水闸。其修建的主要目的是实现海河水"咸淡分家，保水泄洪"，自建成以来贡献突出。

　　海河防潮闸闸体结构为开敞式，共8孔闸门，两岸控制楼为仿古建筑，气势宏伟，占地面积近13000平方米。闸东楼墙上镶嵌有朱德1958年题写的闸名——"海河防潮闸"五个大字，气势宏伟，庄严秀丽。

　　2013年，海河防潮闸由天津市人民政府公布为第四批天津市文物保护单位。

海河防潮闸全景

控制楼正面 控制楼侧面

朱德题字

控制楼翼角 闸体

港五井

港五井位于天津市滨海新区大港油田港东，大港油田化工厂煅炼焦厂南，津歧公路东侧。港五井是天津市及华北地区的第一口发现井，出油于1964年。

现港五井保护区内有采油树1座，浮雕墙和简介碑各1座。该油井是新中国历史上的一口"功勋井"，是我国著名地质学家李四光关于华北平原、渤海湾蕴藏石油这一学术观点的有力证明。

2013年，港五井由天津市人民政府公布为第四批天津市文物保护单位。

港五井标志碑

挖井时的情景（历史照片）

港五井油井建成时(历史照片）

港五井现状

港五井

港五井浮雕

紫竹林教堂旧址

紫竹林教堂旧址位于天津市和平区营口道16号。此教堂为天主教北京教区主教田嘉璧（L. G. Delaplace）用1870年天津教案所获九万两白银赔款于1872年在法租界紫竹林所建圣路易教堂，俗称紫竹林教堂。

该教堂建筑面积668平方米，砖木结构，平面呈长方形，为巴西利卡式。正立面做4组双叠柱，突出垂直化分。首层中部入口作拱券形，上作三角形门楣，两侧设拱券式小门。檐部为带状花饰砖雕线脚，做工精细。顶部山花已震毁，改为简易顶。堂内一端设圣坛，一端设二层楼台，供唱诗班使用。

紫竹林教堂是外国列强在天津建造较早、影响极大的一处宗教场所，亦是法租界内现存最早的建筑之一。

2013年，紫竹林教堂旧址由天津市人民政府公布为第四批天津市文物保护单位。

紫竹林教堂旧址全景

墙面雕花

屋顶十字架

紫竹林教堂旧址正立面

太古洋行旧址

太古洋行旧址位于天津市和平区解放北路 165 号，建于清光绪十二年（1886 年），曾是英国太古洋行天津分行所在地。

太古洋行于 1812 年在英国利物浦创建，后总行迁往伦敦。1881 年成立天津分行，曾和怡和洋行共同垄断中国的航运业，后兼营糖业、油漆、保险、驳船等业务。行址初设在英租界河坝道（今台儿庄路），后在英租界中街现址建太古大楼。

太古洋行旧址正立面

正立面局部

该建筑是一栋二层砖木结构楼房，占地面积862平方米。外立面为清水墙，丌券窗，首层窗楣作放射状花饰。主入口设高石阶，上部收分做平台。

2004年，太古洋行旧址被天津市和平区人民政府公布为和平区文物保护单位。

2013年，太古洋行旧址由天津市人民政府公布为第四批天津市文物保护单位。

天津印字馆旧址

天津印字馆旧址位于天津市和平区解放北路 189 号，建于清光绪十二年（1886 年），由英国永固工程师库克（Cook）和安德森（Anderson）设计。该馆由英商肯特建立，是英国人在天津创办的首家铅字印刷厂。

天津印字馆从 1894 年开始承印英文版的《京津泰晤士报》，并翻译印制国外科技书刊及各种精致中英文书籍，是集仓储、车间、门市为一体的英国文化机构。

该馆为四层砖木结构建筑，平面呈矩形，双坡顶，建筑面积 3020 平方米。正面外墙饰以红色麻石表面，并用上升感极强的白色直线条纹装饰。整栋楼红白相间，色彩活泼，具有浓郁的巴伐利亚建筑风格。

天津印字馆旧址是西方文明在津传播最早、影响最大的文化机构，历史文化内涵极为丰富，影响深远。

2004 年，天津印字馆旧址被天津市和平区人民政府公布为和平区文物保护单位。

2013 年，天津印字馆旧址由天津市人民政府公布为第四批天津市文物保护单位。

天津印字馆旧址全景

正立面局部

大公报社旧址

大公报社旧址位于天津市和平区和平路169号，曾在1906～1926年作为大公报社办公地使用。

大公报为天主教徒英敛之于清光绪二十八年（1902年）在津创办，社址初设在当时法租界的狄总领事路（今哈尔滨道大沽路以东段）法国工部局附近，光绪三十二年（1906年）迁至日租界旭街（现址）。1916年售与皖系政客王郅隆，成为安福系喉舌。1926年9月由金融界吴鼎昌接办。"九一八事变"后，大公报馆再迁至法租界的拉大夫路（今哈尔滨道大沽路至和平路段）。1956年10月迁至北京，1966年终刊。

大公报社旧址全景

大公报社旧址侧立面

该建筑为二层砖混结构西式楼房，平顶，外檐墙水泥饰面，上檐精美雕饰下配多个白色矩形窗。首层入口为券形洞门。在其作为报社使用期间，排版、印刷均在楼内。

2004年，大公报社旧址被天津市和平区人民政府公布为和平区文物保护单位。

2013年，大公报社旧址由天津市人民政府公布为第四批天津市文物保护单位。

北洋保商银行旧址

　　北洋保商银行旧址位于天津市和平区解放北路52号，该建筑前身始建于1908年，由沙德利工程司设计，后于1927年拆除重建，由天津万国工程公司设计并建造。

　　清光绪三十年（1904年）起，天津进出口贸易不振，积欠洋商款项达白银1200余万两。为清理天津商人积欠洋商款项，方便华洋商务交流，经北洋大臣杨士骧倡议，于宣统二年（1910年）初设立北洋华洋商务理事会。德国人冯·巴贝与和盛益银号老板叶兰舫等中国商人合作，筹集白银4000万两，创办北洋保商银行，行址即设于现址。冯·巴贝任德方经理，叶兰舫为华方经理。银行除经营存放款业务外，还有权利单独发行货币。1918年第一次世界大战德国战败，冯·巴贝撤资回国，银行资产全部移交给叶兰舫，北洋保

北洋保商银行旧址正立面

商银行从此成为中国首家国人独资的私
营银行。至 1919 年，所发债票几乎全数
收回，中外股本亦全数偿清。1920 年 7 月，
该行改组为商业银行，总办事处及天津分
行均设于天津北马路。1921 年总办事处
移至北京。

现存北洋保商银行旧址建筑系 1927
年重建，为二层砖木结构建筑。入口设在
解放北路与赤峰道交口处。外立面为水刷
石断块墙面，设附壁柱作装饰，小拱券窗，
窗套造型精美，转角处屋顶设折线形女儿墙。屋顶为双坡顶，平板瓦屋面。
建筑造型稳重，装饰简洁大方，整体为折中主义风格。

2013 年，北洋保商银行旧址由天津市人民政府公布为第四批天津市文物
保护单位。

北洋保商银行旧址夜景

东方汇理银行旧址

东方汇理银行旧址位于天津市和平区解放北路77-79号，建于1908～1912年，是由比商义品公司按照东方汇理银行总行提供的设计图纸建造的。

法国东方汇理银行成立于1875年，总行设在巴黎。1907年在天津设分行。1912年该楼建成后，东方汇理银行即迁入新址办公。魏莲舫、林继香、訾质甫、齐莲洲、范竹斋等人先后担任该行买办。1941年太平洋战争爆发后，该行利

东方汇理银行旧址全景

旧址入口

旧址转角局部

旧址正立面局部

旧址转角塔楼之一

用外汇差价倒卖，牟取暴利，取得了外商银行在天津的首席地位。

　　该建筑为砖木结构，三层带半地下室，占地面积 1326 平方米，建筑面积 3651 平方米，共有大小房屋 50 余间。整栋建筑采取折中主义建筑风格，首层外檐抹水泥面做横线条处理，二、三层为红砖墙面并砌各种图案点缀。外檐窗均设有花饰铁栏杆。女儿墙用西洋古典宝瓶式栏杆，屋顶转角处原设四坡顶亭子，1976 年被震毁后拆除，2009 年进行外檐修缮时予以恢复。

　　该建筑在第二次全国文物普查中定名为东方汇理银行天津分行旧址。2004 年，被天津市和平区人民政府公布天津市和平区文物保护单位，定名为原东方汇理银行大楼。

　　2013 年，由天津市人民政府公布为第四批天津市文物保护单位，定名为东方汇理银行旧址。

旧址塔楼夜景

旧址夜景

吴重熹旧居

吴重熹旧居位于天津市和平区烟台道 56-58 号，始建于 1912 年。

吴重熹（1841～1921 年），山东海丰（今无棣）人，清同治年间（1862～1874 年）举人，出任河南陈州知府，一度护理直隶总督，又署理江西巡抚，宣统三年（1911 年）任邮传部侍郎，清帝逊位后解职。曾担任袁世凯名义顾问，收藏金石、字画颇丰。

该旧居是一座主体二层、局部三层带地下室的砖木结构西式建筑。外檐为灰砖清水墙，局部白色抹灰做线脚装饰。窗扇为内外双开式，上配木质百叶窗。正立面设两个对称主入口，各置前凸式塔楼，入口处设高台阶。背面二层两侧入口以过桥式通廊与后楼相接。主楼为多坡圆瓦顶，设有天窗。院内另建有偏房、门房和马厩。该建筑形体高低错落，造型靓丽典雅、风格独特。

2013 年，吴重熹旧居由天津市人民政府公布为第四批天津市文物保护单位。

吴重熹旧居全景

紫竹林兵营旧址

紫竹林兵营旧址位于天津市和平区赤峰道1-5号。原为清朝北洋水师营务处，1900年八国联军侵占天津，法国远征军海军陆战队第十六团司令部驻扎于此。1915年重建楼房5栋，因营盘地处紫竹林，故称紫竹林兵营。

紫竹林兵营旧址整体分为两部分：一部分为兵营，平面布局似大四合院，院内设有操场，单体建筑有二层、三层两种楼房。二层楼房为砖木结构，立面首层以方形砖柱作支承，槽钢、扁铁作支架，上筑木质平台，形成上、下二层外廊，一端设铁架木制楼梯通达二楼。三层楼房为砖混结构，正立面各层均出大跨度水泥浇筑檐廊，铁楼梯可达顶端，为典型兵营式建筑。另一部分为两幢二层法国风格的军官宿舍，砖木结构，红砖清水墙，坡顶，院内原设有花池、网球场和亭子，现已拆除。

2013年，紫竹林兵营旧址由天津市人民政府公布为第四批天津市文物保护单位。

紫竹林兵营旧址全景

旧址正面局部

旧址局部

朝鲜银行旧址

朝鲜银行旧址位于天津市和平区解放北路 97-101 号,建于 1906 年,由沙德利工程司设计建造。该建筑最初由德商银行与法国人开办的乌利文洋行共同使用。1918 年朝鲜银行天津分行成立后,使用建筑内原德商银行部分。

朝鲜银行初设于韩国汉城(今首尔),早期的经营范围仅限于朝鲜半岛。1913 年日本大藏省理财局长胜田主计就任该行第二任总裁后,极力推行"鲜满经济一体化",相继在我国上海、沈阳、大连、抚顺、长春、天津、北京、青岛、济南等地开设 26 个分行。1918 年朝鲜银行天津分行成立,日本人野崎为首任经理。为强化并巩固其在中国东北地区的金融体系,日本政府以伪满政府公布的《满洲兴业银行法》为依据,于 1936 年 12 月 3 日改组朝鲜银行和正隆银行、满洲银行及其所属分支机构,并入伪满政府与日本合资的满洲兴业银行。1945 年抗日战争胜利后,该行被中国政府按敌伪资产予以接收。

朝鲜银行旧址为三层砖混结构大楼,占地面积约 1100 平方米,建筑面积约 3500 平方米。外立面采用红砖清水墙,做横向凹槽处理。柱子为清水砖砌二层通高巨柱式,柱间开平弓形拱

朝鲜银行旧址夜景

券窗。一层设条石窗台，二层做宝瓶护栏式窗台。二、三层腰檐出挑形成阳台，底部以牛腿状构件支撑。阳台做铁艺护栏。三层顶部设双檐口，实不多见。

　　整座建筑造型简洁精美，2004年，被天津市和平区人民政府公布为和平区文物保护单位，定名为朝鲜银行大楼。

　　2013年，由天津市人民政府公布为第四批天津市文物保护单位，定名为朝鲜银行旧址。

朝鲜银行旧址立面

旧址车库入口

旧址外檐细部

　　首善堂旧址位于天津市和平区承德道 21 号，建于 1919 年。首善堂是法国巴黎天主教圣味增爵会在中国北方设立的财产管理机构，以经营房地产业为主，亦为天津一大财团。

　　该建筑为二层带半地下室的砖混结构大楼，占地面积 998 平方米，建筑面积 2530 平方米。建筑呈对称式布局，主入口位于建筑中部。外檐为青砖、红砖相间的清水墙面，钢结构坡屋顶。砖砌拱券窗过梁、窗下砖砌花饰及壁柱等都体现了天津工匠砖砌工艺的成熟，也使建筑更加大气厚重，是一座风格稳重的法式建筑。

　　首善堂是天主教经济运营形式的代表，是天津宗教、金融研究的重要实物见证。2004 年，首善堂旧址被天津市和平区人民政府公布为和平区文物保护单位。

　　2013 年，首善堂旧址由天津市人民政府公布为第四批天津市文物保护单位。

首善堂旧址全景

正立面

屋顶细部

段祺瑞旧居

段祺瑞旧居位于天津市和平区鞍山道38号，建于1920年，是段祺瑞的内弟吴光新的住宅，段祺瑞曾经在此居住。

段祺瑞（1865～1936年），安徽合肥人，北洋皖系首领，历任新军第四镇第六镇统制、江北提督、湖广总督、北京政府陆军总长，1916年任国务总理。1926年被冯玉祥赶下台，寓居天津。1933年迁上海。

段祺瑞旧居包括主、附楼两栋，均为砖木结构楼房。主楼共有三层带半地下室。首层主入口处突出门廊，上十级台阶达首层入口平台，门廊上方为二层的室外平台。局部三层，东、西侧各设平台，中央原有八角凉亭，1976年震毁后拆除。附楼为两层。院内两侧另有多间平房。

段祺瑞旧居全景

入口

2004 年，段祺瑞旧居被天津市和平区人民政府公布为和平区文物保护单位。

2013 年，段祺瑞旧居由天津市人民政府公布为第四批天津市文物保护单位。

大门

仁记洋行天津分行旧址

仁记洋行天津分行旧址位于天津市和平区解放北路 127-129 号，建于 1920 年。

英商仁记洋行成立于第二次鸦片战争前，总行设在上海，天津设分行，居"四大洋行"之列，经营轮船、火车、古玩玉器、毛发，兼营保险、海陆运输、招募华工等。行址初设在英租界河坝路（今台儿庄路）一幢小房里，1900 年被义和团焚毁，后利用庚子赔款迁址英租界中街，1920 年在现址建造仁记大楼。

旧址主入口

仁记洋行天津分行旧址夜景

仁记洋行天津分行旧址为二层带半地下室的西式洋楼，建筑面积1230平方米。外檐为白水泥混水墙面，配有异形门窗。立面为对称式构图，首层中部入口作券门，一层至二层之间点缀水泥花饰，二层窗楣雕有兽头图案。屋顶为平顶带女儿墙。

2013年，仁记洋行天津分行旧址由天津市人民政府公布为第四批天津市文物保护单位。

比利时领事馆旧址

比利时领事馆旧址位于天津市和平区解放北路102-104号，建于1921年，由比商义品公司设计，比领事馆与华比银行曾共同使用此楼。

清光绪二十七年（1901年），比利时以天津为各国通商口岸为由，提出租界要求。翌年2月，比国驻津领事嘎德斯奉比国钦差全权大臣姚士登之命与清政府代表张莲棻等人签订了天津《比国租界合同》，约定到1929年租界交还后，比国领事仍占有比租界地皮，并保留征收地亩税权利。

该建筑为三层带地下室的砖混结构楼房，占地面积851平方米。外檐墙体用花岗岩镶砌，平顶带女儿墙，方形门窗。建筑外檐线条简洁，内部装修精美。

比利时领事馆旧址全景

旧址沿街立面

旧址转角

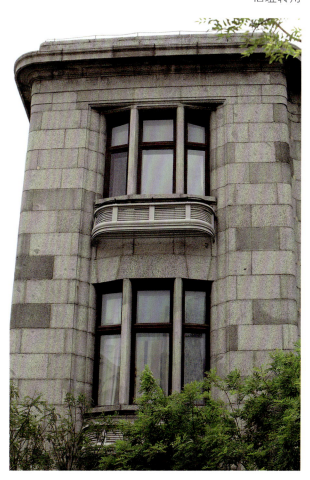

旧址大门

旧址窗口

　　2004年，比利时领事馆旧址被天津市和平区人民政府公布为和平区文物保护单位。

　　2013年，比利时领事馆旧址由天津市人民政府公布为第四批天津市文物保护单位。

大陆银行旧址

大陆银行旧址位于天津市和平区哈尔滨道 68 号，建于 1921 年。

大陆银行为中华民国临时政府财政部次长谈荔孙于 1919 年在津创办，谈荔孙任董事长，冯国璋、李纯、齐燮元等均有大量投资，先后在京、津、沪、汉等地设分行。1921 年，该行同金城、盐业、中南银行联营与外商竞争，形成著名的"北四行"。

该建筑为三层带半地下室的砖混结构楼房。外檐通体为水刷石饰面，配矩形木质门窗。

大陆银行旧址全景

大陆银行旧址沿街立面

332

门厅内檐木雕

主入口设在转角处，二层局部出台，做宝瓶式护栏，窗楣形状各异，柱头雕刻精美。屋顶为平顶上筑女儿墙，楼顶局部建有一多坡顶小塔楼。

2004年，大陆银行旧址被天津市和平区人民政府公布为和平区文物保护单位。

2013年，大陆银行旧址由天津市人民政府公布为第四批天津市文物保护单位。

旧址入口

田中玉旧居

田中玉旧居位于天津市和平区营口道 42 号，建于 1922 年。

田中玉（1864～1935 年），字蕴山，直隶临榆（今河北秦皇岛）人，毕业于天津武备学堂。1915 年任陆军次长。1919 年任山东督军，兼省长。1923 年 10 月因"临城劫车案"被迫去职，寓居天津，投资恒源纱厂、中国实业银行。

该旧居为三层带半地下室的砖木结构小楼。外檐为水泥饰面，主入口处耸立 4 根二层通高的爱奥尼巨柱，上承罗马复兴式三角形山花，形成通透的门廊。屋顶为法国孟莎式缓坡顶，天窗形式多样，错落有致。

田中玉旧居外景

旧居入口山花柱廊

旧居内景

    田中玉旧居为古典主义风格建筑，2004 年，被天津市和平区人民政府公布为和平区文物保护单位。

    2013 年，田中玉旧居由天津市人民政府公布为第四批天津市文物保护单位。

张公撝旧居

张公撝旧居位于天津市和平区花园路 2 号，建于 1922 年，由意大利建筑师鲍乃第（Bounette）设计。

张公撝（1888～1997 年），本名张谦，字公撝，广东新会人，唐绍仪之婿，曾任天津英租界工部局华人董事、国民政府驻荷兰大使、驻檀香山总领事、驻葡萄牙公使等职。

该旧居为主体二层、局部三层带地下室的砖混结构楼房。建筑平面布局为不规则构图，入口设在建筑转角处，为坡顶式门厅，上设弧形阳台。阳台形式多样，装饰富于变化。顶层有八边形连列券式尖坡顶凉亭，两侧设露天

张公撝旧居全景

旧居正面侧视

旧居入口

旧居窗饰

平台。建筑整体造型错落有致，设计极富美感。

2004 年，张公褴旧居被天津巿和平区人民政府公布为和平区文物保护单位。

2013 年，张公褴旧居由天津市人民政府公布为第四批天津市文物保护单位。

法国领事馆旧址

法国领事馆旧址位于天津市和平区承德道2号，始建于1923年，由比利时义品公司法籍工程师设计。

法国驻津领事馆开设于1861年，初址设于三岔河口一带、望海楼教堂以东的行宫花园，1900年在义和团运动中被烧毁，后清政府将现址赔偿给法租界当局作为领事馆。法国领事馆设总领事一人，法租界最高权力机构历届董事会均由总领事出任董事长，因此总领事是法租界最高行政长官。新中国成立后法国驻津领事馆撤销。

法国领事馆旧址由主楼、后楼和后院平房组成。主楼为一栋二层带半地下室的混合结构楼房，占地面积1315平方米。建筑平面为对称式布局，中部设主入口，门口石砌台阶，两侧设花池。立面采用爱奥尼附壁柱式，窗间墙和檐口有精细雕饰，正门上有涡卷山花，是典型的古典主义风格建筑。建筑内部装饰讲究，大量使用木装修及铁花栏杆。电气、暖气及卫生设备齐全。后楼为一栋二层砖混结构楼房，建筑首层外立面以石材饰面，二层外立面为硫缸砖清水墙，建筑顶部为坡屋顶，木门窗至今保持完好，该建筑曾经作为侨民学校使用。后院平房为砖混结构平房，建筑外立面为硫缸砖清水墙，入口处设雨棚，墙面呈弧形展开，平顶。

法国领事馆旧址正立面

建筑转角

转角细部装饰

一层窗饰

柱头样式

2004年，法国领事馆旧址被天津市和平区人民政府公布为和平区文物保护单位。

2013年，法国领事馆旧址由天津市人民政府公布为第四批天津市文物保护单位。

入口装饰细部

国民饭店

国民饭店位于天津市和平区赤峰道 58 号，建成于 1923 年。该建筑由美国美丰洋行买办李正卿出资，瑞士乐利工程司设计建造。

国民饭店是近代经营餐旅业的高级饭店，也是当时上流人士留宿和聚会的场所。中国共产党曾在此秘密开展革命工作。1926 年 2 月 9 日，中华全国铁路总工会第三次大会在该饭店二楼举行，大会通过了《中华全国铁路总工会报告决议案》等 28 项决议草案。1934 年 11 月 9 日，抗日爱国将领吉鸿昌在饭店第 45 号房间会晤李宗仁代表时被国民党特务枪击受伤被捕，不久在北平遇害。1936～1937 年期间，中共天津市委秘密机关和联络站"知识书店"也曾设在这里，吴砚农、叶笃庄、林枫等曾在此从事革命工作。

国民饭店由主楼、凉亭、门楼等组成。主楼为三层框架结构西式楼房。平面为直角梯形，设双天井。每层有客房 49 间，其中包括带卫生间的单间或双间高级客房，还设有会议室、会客厅以及公厕浴室等。正立面为横向三段式构图，一层设门廊式主入口，开拱券窗，墙面用凹槽做大块分格；二、三层设通高的方形附壁柱，上下窗户间饰山花雕饰。平顶，出大挑檐，上设女儿墙，女儿墙中段有山花并嵌入盾饰纹章。主楼前有宽阔的院落，院内有两座半球形盔顶凉亭。院子入口是塔司干柱式的三开间古典门楼，中间开券门，券顶做放射形凹槽分块，并镶嵌雕刻精美的锁石，顶部的挑檐和盾饰与主楼前后呼应，使总体建筑和谐统一。

2004 年，国民饭店被天津市和平区人民政府公布为和平区文物保护单位。

2013 年，国民饭店由天津市人民政府公布为第四批天津市文物保护单位。

国民饭店主楼全景

主楼正立面局部

饭店大门

国民饭店主楼正立面

久大精盐公司旧址

久大精盐公司旧址位于天津市和平区赤峰道 63 号，于 1923 年 2 月始建，1924 年落成。该楼由著名实业家范旭东出资，中华兴业公司设计建造。

1914 年 9 月，范旭东在塘沽创办久大精盐公司，出资建造驻津办事处（现久大精盐公司大楼旧址）。1941 年，该楼被日本宪兵队占用。日本战败后，由久大公司收回。

旧址为三层带地下室的砖混结构大楼，占地面积 611 平方米，建筑面积 2364 平方米。平面呈八字形对称式布局，中央设主入口，为三开间的爱奥尼巨柱式门廊。建筑立面为法国文艺复兴建筑风格，建筑整体造型稳重、气派。

2004 年，久大精盐公司旧址被天津市和平区人民政府公布为和平区文物保护单位。

2013 年，久大精盐公司旧址由天津市人民政府公布为第四批天津市文物保护单位。

久大精盐公司旧址全景

入口山花柱廊

窗饰

美国海军俱乐部旧址

美国海军俱乐部旧址位于天津市和平区解放北路113号，建于1924年，为英国人罗士博开办的专供外国驻军娱乐的场所。美国海军于1945年在此设俱乐部。

该建筑为一座二层砖木结构楼房，占地面积1060平方米，建筑面积2460平方米。平面顺应地势呈弧形，首层做拱券式门窗，二层由10余根圆柱承托出檐，局部呈敞开式外廊，并配有宝瓶护栏。门窗上部饰有多种花式浮雕。楼内曾设有酒吧、球房、餐厅、赌场、咖啡厅、弹簧地板舞厅等。

美国海军俱乐部旧址全景

门窗装饰

　　美国海军俱乐部旧址为天津近代娱乐建筑的代表，功能齐备，外观富丽辉煌，为同类建筑中的经典之作。

　　2004年，美国海军俱乐部旧址被天津市和平区人民政府公布为和平区文物保护单位。

　　2013年，美国海军俱乐部旧址由天津市人民政府公布为第四批天津市文物保护单位。

天津电报总局旧址

天津电报总局旧址位于天津市和平区赤峰道 65-69 号，1924 年建成。

清光绪六年（1880 年），李鸿章在天津开设了中国第一条电报线路。光绪七年（1881 年）成立天津电报局，初为津沪电报总局，后改为分局。光绪八年（1882 年），津沪电报改官办为官督商办，成立商电局，天津电报局也改由官督商办。光绪二十八年（1902 年），天津电报总局奉旨改归官办，后在法租界丰领事路法国花园旁自建新址（即现址）办公。

天津电报总局旧址是一座三层带地下室的砖混结构楼房。建筑平面呈长方形。建筑立面横向为三段式，包括基座、墙身和檐部。立面纵向为五段式，中部大门和建筑转角处做重点装饰，其余均为红砖清水墙。主入口处有门廊，采用多立克柱式承托以强调入口。

天津电报总局的历史与中国最早的电报机构一脉相承，同时建筑处理繁简适度、比例恰当、设计精美，具有较高的文物价值。

2013 年，天津电报总局旧址由天津市人民政府公布为第四批天津市文物保护单位。

天津电报总局旧址正立面

天津电报总局旧址全景

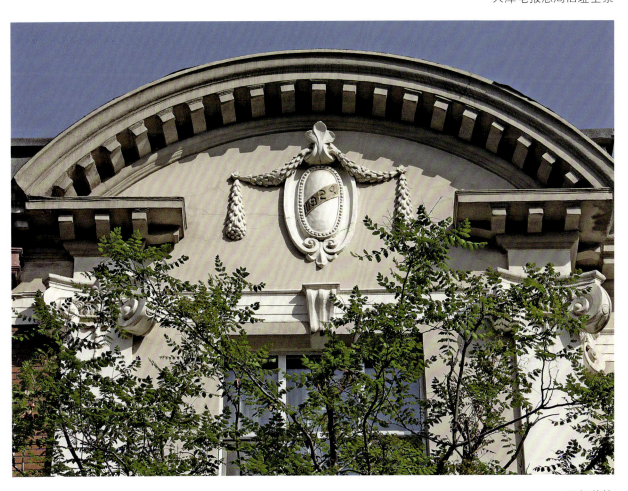

顶部花饰

百福大楼旧址

　　百福大楼旧址位于天津市和平区解放北路3号，1926年由比商义品公司法籍工程师孟德尔松（L. Mendlssohn）设计建造，是专供出租的商业综合写字楼。

　　该建筑为钢混全框架结构，主体五层，局部带地下室，建筑面积3973平方米。首层设有门厅和大玻璃橱窗商业店面，门厅正对着三跑式主楼梯，建筑中阁设有电梯间。二、三层为大展厅。四、五层为办公和住宅混用，并设有办公室、会客室、卧室和餐厅的成套高级公寓。建筑首层外立面为灰色水刷石并装饰大块分格的线条，首层以上部分外立面装饰有浅红色的贴面砖。

百福大楼旧址夜景

建筑沿街外檐相隔排列有矩形窗、大弧形窗、小椭圆形舷窗等各种窗套形式，窗口下方装饰有黑色透空方格栏杆并配以白色窗楞及精美铁艺护栏。建筑上部设有白色涂层的断开式檐口并设有天窗，装饰有精致刻花的挑檐以微微外凸的牛腿支撑。建筑顶部为折坡屋顶，屋顶的老虎窗同五块弧形墙面合为一体形成凸起的梯形山花，在屋顶高出屋脊不同的位置上设有多个长短不同的金属杆，杆顶设有闪光金属做成的星光，用以装饰及避雷。

　　百福大楼的"百福"音译于法文名称"BELFRAN"。因当时百福大楼业主仪品放贷公司（CRÉDIT FONCIER D'EXTREME-ORIENT）与比利时、法国都有着重要的联系，因此将两个国名组合命名，其法语发音类似于中文的"百福"二字，所以国人称其为"百福大楼"。

　　2013年，百福大楼旧址由天津市人民政府公布为第四批天津市文物保护单位。

百福大楼旧址全景

百福大楼旧址正立面

二层阳台装饰细部

入 口   老虎窗及山花

四层窗台装饰细部

阁楼窗户细部

花园大楼旧址

花园大楼旧址位于天津市和平区大沽北路 176-192 号。1934 年，由英商先农股份有限公司委托英商景明工程司设计建造。由于大楼紧邻维多利亚花园，因此得名花园大楼。

该建筑为主体五层的混合结构公寓式楼房，总建筑面积 9321 平方米，整体造型简洁稳重。建筑外檐通体水泥饰面，局部配水泥方格图案。门厅顶部做人字形山花，首层出檐遮阴。平面呈"L"形，沿大沽路街面底层设有门市，二至五层为内廊式布局，共设有 244 个房间，组合配套，自为单元，当年多居住洋行高级职员和外国领事。全楼共建有 4 部楼梯和 1 部电梯。

2013 年，花园大楼旧址由天津市人民政府公布为第四批天津市文物保护单位。

花园大楼旧址正立面

花园大楼旧址全景

内部院落入口

张鸣岐旧居

张鸣岐旧居位于天津市和平区贵州路90号，建于1927年。

张鸣岐（1875～1945年），山东无棣人，曾任两广总督兼广州将军，1927年迁居天津。1931年九一八事变爆发后与日本特务勾结，1937年加入王揖唐等人发起的汉奸组织，1942年参加伪华北政务委员会，1945年，又与王揖唐、殷汝耕等发起乙酉法会，祈祷"大东亚战争必胜"，同年9月15日，张鸣岐离世。

该建筑为主体二层带地下室的砖木结构楼房，占地面积297平方米，建筑面积458平方米。红瓦坡顶，外檐以棕灰色水泥饰面，开方形小窗。建筑造型简洁大方，错落有致，别具风格，具有一定的历史、艺术价值。

2013年，张鸣岐旧居由天津市人民政府公布为第四批天津市文物保护单位。

张鸣岐旧居沿街立面

基泰大楼旧址

基泰大楼旧址位于天津市和平区滨江道109-123号。该建筑建于1928年，由建筑师事务所——基泰工程司建筑师关颂坚、杨廷宝设计。

该建筑为主体五层的砖混结构楼房，钢混条状基础，钢框构造柱基承重。立面为中轴对称式布局，主入口上为过街楼，下为通道，入口前设两侧台阶。外檐立面壁柱与清水墙面疏密相间，凹凸有致，青红砖砌圆、方、菱形花饰图案，窗形各异。女儿墙装点传统古钱花饰。券式洞门内卧，由两对绳纹立柱承托。

基泰大楼旧址是基泰工程司的代表作品之一，2013年，由天津市人民政府公布为第四批天津市文物保护单位。

入口台阶

基泰大楼旧址

正立面局部

惠中饭店位于天津市和平区华中路2号，建于1930年，1931年开业，是民族买办李魁元等人于民国时期合资兴建的一座集吃、住、娱乐为一体的大型饭店。店内有客房100多间，设中餐部、西餐部、舞厅及露天电影院。剧作家曹禺曾以20世纪30年代的惠中饭店为背景，写出著名话剧《日出》。

该建筑为主体五层、局部六层的框架结构楼房。平面呈梯形。主立面底层做基础处理，台阶、立柱、墙面镶嵌大理石。二至四层采用石壁柱，四层出檐，四层以上做收分，穹隆顶塔楼。

该建筑形体高大，造型古朴端庄，不仅具有较高的艺术价值，且对天津民族资本产业发展研究具有重要意义。

2013年，惠中饭店由天津市人民政府公布为第四批天津市文物保护单位。

惠中饭店全景

惠中饭店局部

屋顶细部

屋顶牛腿

大阔饭店旧址

　　大阔饭店旧址位于天津市和平区浙江路 15 号，建于 1931 年，由犹太人崔伯夫出资兴建。

　　该建筑为砖混结构，主体四层，局部五层，带地下室。平面为条状，弧形转角，首层转角设钢混模板雨厦，转角二层以上设金属花饰护栏阳台。局部窗间墙面上装饰有精美花饰。楼内大餐厅立有 10 根塔司干柱式，地面铺设人字形地板，并设大理石面壁炉。受现代建筑思潮的影响，该建筑注重功能性和形式的简洁。

　　2013 年，大阔饭店旧址由天津市人民政府公布为第四批天津市文物保护单位。

大阔饭店旧址全景

法国俱乐部旧址

　　法国俱乐部旧址位于天津市和平区解放北路 29 号，是天津法租界公议局于 1932 年建造的法国侨民在津娱乐场所。法国俱乐部也被称为法国球房或法国剑术会。

　　该旧址为主体单层带半地下室的砖混结构建筑，占地面积 7260 平方米，建筑面积 2941 平方米。立面处理简洁，局部点以装饰。正门设于临街转角处，两侧有五段收分的竖向线条和附墙多边形壁灯柱，甚为别致。大门为两扇金属镂空门，上半部是金属花饰玻璃。建筑内部为八角形大厅，屋顶中央设有彩色玻璃窗，中央大厅设有舞厅、酒吧、球房等，还可进行击剑、拳击、小型演出等活动。后院有露天舞台、小广场及花园。

　　该建筑外形简洁，门、窗等元素尺度得当，铁艺精美，体现了 19 世纪末新工艺美术运动的特色和现代建筑的萌芽。

　　2013 年，法国俱乐部旧址由天津市人民政府公布为第四批天津市文物保护单位。

法国俱乐部旧址全景

夜景

侧立面

陈亦侯旧居

陈亦侯旧居位于天津市和平区西安道 93 号，建于 1933 年。

陈亦侯（1886～1970 年），浙江永嘉人，早年毕业于北京译学馆，1912 年入金融界，曾任盐业银行北京分行副经理，后任天津盐业银行经理、开滦矿务局董事、天津银行同业公会理事长等职务。新中国成立后他曾将密存于盐业银行的清宫贷款抵押金质编钟一组献交国家。

该建筑占地面积 1258 平方米，由著名设计师沈理源设计，砖木结构，主体二层。屋顶为红圆瓦多坡顶，四周出檐。外檐为硫缸砖清水墙，局部水泥抹灰饰面。入口处砖砌方柱，支撑雨篷及露台。建筑形体错落有致，素雅大方。内部装饰大方舒朗，简洁明快，门窗、楼梯、地板皆为木质。

2013 年，陈亦侯旧居由天津市人民政府公布为第四批天津市文物保护单位。

陈亦侯旧居临街沿街立面

陈亦侯旧居全景

基督教女青年会旧址

基督教女青年会旧址位于天津市和平区大沽北路200号，建于1933年。

1890年基督教女青年会由美国传入，1903年天津女青年会建立，内设查经、祷告、妇童识字、家政、音乐、体育、英语、汉语教育班，并有劳工、教育等部，会址曾数次变迁。

现址由开滦矿务局捐赠土地，基泰工程司关颂坚设计，姜隆昌营造厂承建，1933年建成。地上部分为砖木结构主体二层楼房，半地下室部分为砖混结构。建筑立面造型为三段式，底部和顶部为水泥饰裙，中部设平窗和红砖砌筑的壁柱。

2013年，基督教女青年会旧址由天津市人民政府公布为第四批天津市文物保护单位。

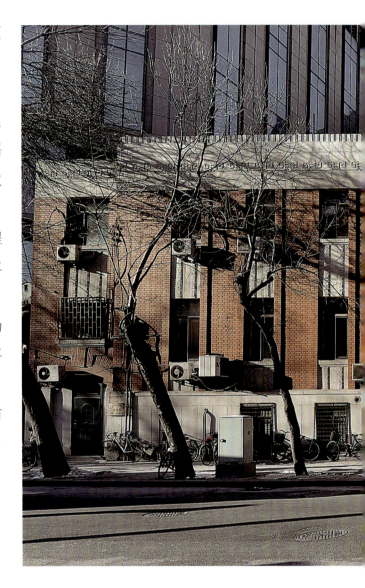

基督教女青年会旧址正立面

茂根大楼旧址

茂根大楼旧址位于天津市和平区常德道 121 号，建于 1937 年，是一座高级公寓式住宅。该建筑由茂根堂投资，中国工程司经理兼总工程师阎子亨及工程师陈炎仲设计。

该建筑为主体四层、局部三层的砖混结构楼房。建筑外立面为硫缸砖清水墙，局部抹灰饰面，配有平、联角、圆形等双槽钢窗。每层阳台、露台呈中轴对称布局。入口前设台阶，上设水泥板雨棚。建筑整体厚重，造型错落有致、立体感强，内装修考究，功能齐全。建筑外檐运用大面积的深色硫缸砖墙面和浅色的阳台体块对比，矩形窗、角窗和圆窗辉映，既简约明快，又体现了现代建筑的结构之美，具有典型的现代建筑特征。

2013 年，茂根大楼旧址由天津市人民政府公布为第四批天津市文物保护单位。

茂根大楼旧址全景

茂根大楼正立面

入口及室内台阶

香港大楼旧址

香港大楼旧址位于天津市和平区马场道 10 号，建于 1937 年，是一座高级公寓式住宅。

该建筑为主体五层带地下室的砖混结构楼房，建筑面积 4248 平方米，缓坡顶，由奥地利建筑师盖苓设计。建筑立面构图简洁大方，韵律之中富于变化。清水与混水墙面相互比照，比例适中，形成独特的肌理，具有现代主义建筑特征。平面呈"L"形，采用以起居室为中心的现代生活方式布局，各层单元平面布局紧凑，功能合理，设施齐全，均有住室、厨房、餐厅、储藏室、卫生间及封闭室内廊。室内为水磨石地面，设有壁炉。各单元转角窗的处理显示了先进的结构设计理念和技术。

2013 年，香港大楼旧址由天津市人民政府公布为第四批天津市文物保护单位。

大门

香港大楼旧址全景

起士林餐馆

起士林餐馆位于天津市和平区浙江路 33 号。

餐馆初为德国厨师起士林（Kiessling）开办。1900 年，他随八国联军来到中国，退伍后留津，曾任袁克定（袁世凯长子）的西餐厨师。1908 年，起士林与妻弟在法租界中街合办起士林餐馆，后迁至德租界威廉街（今解放南路）。1940 年，由义顺和糖果店在现址投资兴建此建筑。

该建筑为四层钢混结构楼房，建筑面积 4756 平方米，平面呈扇形，外观为弧形，大理石镶面，大玻璃窗，具有现代主义建筑特征。楼内设餐厅、酒吧。1954 年，更名为起士林大饭店并经营至今。

2013 年，起士林餐馆由天津市人民政府公布为第四批天津市文物保护单位。

屋顶细部

起士林餐馆全景

犹太会堂旧址

　　犹太会堂旧址位于天津市和平区南京路 55 号。20 世纪 10 年代末，在津犹太教众人数骤增。犹太教天津公会为解决旅津侨民对宗教生活的需求，于 1939 年兴建犹太会堂，次年 4 月 23 日落成，由乐利工程司设计，是在津犹太人礼拜、结婚、举行宗教典礼的场所。

　　会堂为砖木结构厅堂式建筑，平面呈长方形，建筑面积 1071 平方米。原为一层带地下室，后改建为主体二层、局部三层的混合结构楼房。两坡瓦顶。外檐做混水墙，装饰简洁，以竖线条装饰为主，正立面中央砌尖券式入口，有 14 级台阶。门上玻璃内镶嵌的"七支柱烛台"形铁艺装饰为犹太教特有的

入口

屋顶细部

犹太会堂旧址全景

装饰符号。两侧作对称券窗，开窗形式多样，有方窗、单拱券窗、三联拱券窗，均为实腹钢窗，临郑州道一侧的三联拱券窗上部窗棂均为大卫星造型。

2013年，犹太会堂旧址由天津市人民政府公布为第四批天津市文物保护单位。

王氏旧居

王氏旧居位于天津市和平区马场道54号，建于1941年。

该建筑为主体三层的砖混结构别墅式住宅，建筑面积1926平方米。外檐墙主体以水泥饰面，局部为清水墙，首层两端为外凸式半圆形转角，上承弧形阳台，建筑逐层内收，外观形似军舰，为现代主义风格建筑。楼内装饰考究，设有客厅、花厅。院内筑有花坛、草坪。

2013年，王氏旧居由天津市人民政府公布为第四批天津市文物保护单位。

王氏旧居正立面

常德道孟氏旧居

　　常德道孟氏旧居位于天津市和平区常德道 26 号。章丘孟家为天津"八大家"之一，1919 年定居天津，在京、津、沪等大城市开办绸布庄，均以祥字命名，统称"八大祥"，天津有四家分店。

　　该旧居建于民国时期，为二层西式楼房。清水墙，坡瓦顶，四周出檐。首层右侧前凸，与上方阳台共同构成开敞式门厅，建筑南侧为院落。

　　2013 年，常德道孟氏旧居由天津市人民政府公布为第四批天津市文物保护单位。

常德道孟氏旧居全景

陈祝龄旧居

陈祝龄旧居位于天津市和平区保定道 4 号，始建于民国时期。

陈祝龄（1870～1930 年），广东高要人，天津早期四大买办之一。1890 年进入英商怡和洋行，经同乡梁炎卿提携任副买办，1909 年兼任出口部买办。1930 年遭绑票被害。

该旧居包含主楼和附楼，两座建筑连为一体，整体平面呈"L"形，主楼二层，附楼三层，砖木结构，建筑面积 2166 平方米。主楼为多面坡顶，屋顶正中开有一排天窗，外檐为红砖清水墙，局部做水泥雕花饰面。中部作券门，扇形高台阶入口，两侧各有一券窗。二层为内廊式阳台，窗口有弧形、方形两种。建筑整体造型富丽典雅，外观豪华庄重，体量错落有致，虚实对比强烈，并有较为宽敞的院落，具有折中主义建筑特征。

2013 年，陈祝龄旧居由天津市人民政府公布为第四批天津市文物保护单位。

陈祝龄旧居全景

旧居院落

旧居附楼

陆洪涛旧居

陆洪涛旧居位于天津市和平区建设路80号，建于民国时期。

陆洪涛（1866～1927年），江苏铜山人，毕业于天津武备学堂。清末在甘肃任新军督操官，1913年任陇东镇守使，1921年任甘肃督军，1924年兼任甘肃省省长，1925年辞职后居津。

其旧居为局部三层带地下室的砖混结构楼房。入口处设八边形开敞式门厅，门厅上方为阳台，楼内房间装修豪华，屋顶中央建八角形坡顶全封闭凉亭，具有折中主义建筑特征。

2004年，陆洪涛旧居被天津市和平区人民政府公布为和平区文物保护单位。

2013年，陆洪涛旧居由天津市人民政府公布为第四批天津市文物保护单位。

陆洪涛旧居全景

旧居主楼正立面

马占山旧居

马占山旧居位于天津市和平区湖南路 11 号。

马占山（1885～1950年），字秀芳。1931年九一八事变后，他在齐齐哈尔就任黑龙江省政府代理主席兼军事总指挥，率领爱国官兵奋起抵抗侵华日军，打响江桥抗战第一枪。1934年到天津寓居后，曾参与推动西安事变的和平解决。1937年卢沟桥事变后任东北挺进军司令，率部在晋绥抗日。解放战争期间，他又为和平而奔走，对北平和平解放做出了贡献。1949年中华人民共和国成立后，作为民主人士参加了中国人民政治协商会议。1950年11月29日，病逝于北京，终年65岁。

马占山旧居为主体二层、局部三层带地下室的砖木结构西式楼房，顶层设露台。立面为对称式布局，门窗等做西式细节。另有附楼，通过过街连廊

马占山旧居全景

与主楼二层连接，室内为木制地板、楼梯，空间划分合理。

2013 年，马占山旧居由天津市人民政府公布为第四批天津市文物保护单位。

马占山旧居侧视

主楼入口

美最时洋行旧址

　　美最时洋行旧址位于天津市和平区大沽北路174号。初为美国兵营使用，1917年美军迁至今河西区地界的"美国营盘"驻扎，该建筑转由美最时洋行使用。该洋行是德国商人在天津开办较早的一家洋行，经营军火进口业务，与德华银行，礼和、世昌、西门子等洋行关系密切，同为德国商会成员，共同操纵、垄断市场。

　　其旧址共有两座建筑，一座为砖混结构，主体四层楼房，红筒瓦多坡顶。外檐以水泥线脚纵向划分进行装饰，腰部起线。首层做券式窗口。建筑造型庄重典雅，外观靓丽大方。另一座为砖木结构四层楼房，红瓦坡顶，主体为青砖墙体，方窗与拱券窗结合，转角处以白色抹灰弧形过渡，装饰纵向长条式窗。

　　2013年，美最时洋行旧址由天津市人民政府公布为第四批天津市文物保护单位。

美最时洋行旧址全景

美最时洋行旧址临街立面

美最时洋行旧址背立面

那桐旧居

那桐旧居位于天津市和平区新华路 176 号，建于 20 世纪初。

那桐（1856 ～ 1925 年），叶赫那拉氏，满族镶黄旗人。清末重臣。清咸丰六年（1885 年）举人，历任鸿胪寺卿、内阁学士、总理各国事务衙门大臣，1903 年任户部尚书、步军统领，1905 年任协办大学士，后两度任军机大臣，加太子少保，署直隶总督等职。清帝逊位后，寓居天津。

该旧居原有一大一小两座德式别墅。大楼为钢混结构建筑，已于 1980 年拆除。小楼现存，为二层砖木结构德式别墅，建筑面积 500 平方米，内设 15 个房间。建筑平面布局对称，首层入口分两翼，中部由 6 根方、圆立柱支撑，其上作花饰护栏阳台，下为八字形弧券大门厅。外檐为釉面砖清水墙，局部以白水泥雕花饰面，配木质矩形窗。主入口、檐口下部为抹灰饰面，设有窗套门套，转角和窗间设断块抹灰壁柱，壁柱顶部装饰有精美花饰柱头，屋顶为平板瓦多坡屋顶。院内设有花坛水池，形体高低错落有致，造型小巧精美，极具立体感。

2004 年，那桐旧居被天津市和平区人民政府公布为和平区文物保护单位。

2013 年，那桐旧居由天津市人民政府公布为第四批天津市文物保护单位。

那桐旧居正立面

四行储蓄会旧址

四行储蓄会旧址位于天津市和平区解放北路 149 号，建于民国时期。

近代中国，四家北方著名的私营银行——盐业银行、金城银行、中南银行和大陆银行，合称为"北四行"，是民国时期北方金融集团之一。第一次世界大战期间，帝国主义列强无暇东顾，民族工业得以发展。北四行于 1923 年 1 月决定在上海创办四行储蓄会，筹集资金，与外商储蓄会相抗衡。天津分会设在四行准备库内。该会是著名的"北四行"为抗衡外资竞争而成立的联合体，是民族金融业发展壮大的标志。

该旧址为地上三层带半地下室的砖混结构建筑，占地面积 574 平方米。外檐为红缸砖清水墙面，局部点缀灰色石材。首层中部设扇形高台阶，入口处前凸，分设三个拱券门窗。二至三层装饰 4 根爱奥尼立柱，顶部出檐，装修精美。旧址整体是一座古典主义风格建筑，外观庄重、典雅，又不失华丽、气派，文化内涵丰富，为金融建筑中精品之作。

2004 年，四行储蓄会旧址被天津市和平区人民政府公布为和平区文物保护单位。

2013 年，四行储蓄会旧址由天津市人民政府公布为第四批天津市文物保护单位。

正立面局部

四行储蓄会旧址正立面

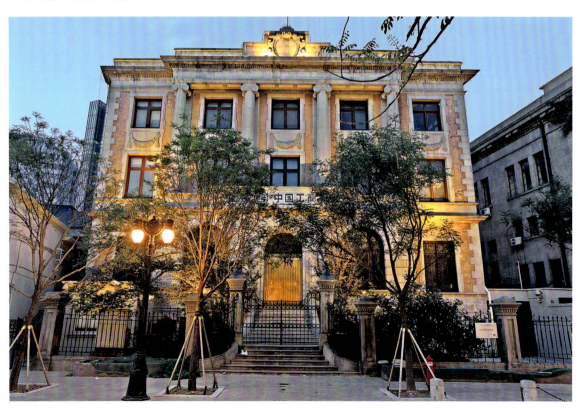

四行储蓄会旧址夜景

王占元旧居

王占元旧居位于天津市和平区大理道60-64号，建于民国时期。

王占元（1861～1933年），字子春，山东馆陶人，毕业于天津武备学堂，直系军阀，曾任湖北督军兼省长，后寓居天津，从事工商业。

该旧居为主体二层的砖木结构建筑，占地面积1187平方米。红瓦坡屋顶，琉缸砖墙面，入口前有台基，正立面局部外凸，局部设露台。建筑端庄典雅，高低错落有致，具有草原式住宅特征。另有三幢现代主义风格楼房，造型、布局、格局均一致，皆为混合结构，局部三层，平顶。每幢楼平面布局为非对称式，首层前方凸出部位为半圆形玻璃花厅，其上为阳台，二层屋顶上则探出混凝土制大凉棚，阳台后半部为局部三层居室。

2013年，王占元旧居由天津市人民政府公布为第四批天津市文物保护单位。

王占元旧居主楼入口

王占元旧居主楼全景

王占元旧居附楼

英国领事官邸旧址

英国领事官邸旧址位于天津市和平区浙江路1号，建于1937年。英国驻天津领事馆初设于1860年，1899年升格为总领事馆。

此旧址为主体二层、局部三层的砖木结构独立式住宅，占地面积536平方米，建筑面积1815平方米。人字木屋架，大筒瓦坡顶，设有天窗。外檐红缸砖清水墙。门厅前有简化的爱奥尼式立柱雨棚，上为阳台。三层屋顶上原有六角凉亭，1976年唐山大地震后拆除，2010年予以重建。

英国领事官邸旧址是英国侵略者侵占天津的重要实物见证。

2013年，英国领事官邸旧址由天津市人民政府公布为第四批天津市文物保护单位。

英国领事官邸旧址

旧址背面

旧址内部楼梯

张志潭旧居

张志潭旧居位于天津市和平区大理道4号，建于民国时期。

张志潭（1884～1936年），直隶（今河北省）丰润人，清朝举人，曾任陆军部候补郎中，1914年任绥远道尹，1917年任国民政府内务部次长，同年任段祺瑞政府国务院秘书长，1919年1月任陆军次长，后任内务总长和交通总长等职。皖系军阀失败后，寓居天津。

该旧居为地上三层带半地下室的砖木结构楼房，建筑面积1013平方米。平面呈"L"形，红瓦坡顶，局部出檐。二层局部为露台，筑有水泥护栏。门厅入口处中部设扇形台阶，两侧分别立方柱、圆柱各一根，圆柱居中，为多立克柱式，上托一弧形阳台。外檐水泥饰面，局部配以红砖点缀。整栋建筑呈现出小巧玲珑、典雅别致的折中主义风格。

2013年，张志潭旧居由天津市人民政府公布为第四批天津市文物保护单位。

张志潭旧居

俄国领事馆旧址

俄国领事馆旧址位于天津市河东区十一经路88号，是20世纪初沙皇俄国政府驻天津的领事馆。

领事馆修建于1902～1903年间，在此之前，沙皇俄国政府驻天津领事馆的事务由俄商萨宝石洋行代办。1917年，俄国十月革命胜利后，俄国驻天津领事馆改为苏联驻天津总领事馆。1924年，苏联政府归还天津俄租界，总领事馆另作别用。1942年，该建筑被日本海关驻津办事机构占用。1949年以后，该建筑被辟为天津市人民政府直属招待所。

旧址为砖木结构二层建筑，方形基座，中世纪俄式风格。原为铜绿色坡屋顶，局部立面呈三角形，混水墙面，拱券门廊，方窗上饰人字图案，局部双拱券窗，窗上另设有圆窗，首层窗台及窗套、角柱等均为石材砌筑，墙面黄色瓷砖贴面，二层带铁花栏杆小阳台。楼梯设精致的铁花栏杆。原花园和附属建筑于1977年被拆除。

2013年，俄国领事馆旧址由天津市人民政府公布为第四批天津市文物保护单位。

俄国领事馆旧址全景

入口

二层楼梯口

二层阳台铁艺

内部走廊

中央音乐学院旧址

中央音乐学院旧址位于天津市河东区十一经路 57 号,其教学楼遗存现为天津音乐学院第四教学楼(作为音乐厅使用)。

该旧址原为日占时期建立的一所中学,名为天津大和日本国民学校。1948 年,东北解放后在该址成立了流亡学校。天津解放后成为华北职工干部学校。1949 年 9 月,该校迁出。1950 年 6 月 17 日,中央音乐学院在此处正式筹建成立,著名小提琴演奏家马思聪为首任校长。1958 年,中央音乐学院迁往北京。同年 10 月,天津音乐学院在原址组建。

旧址教学楼内部走廊

该建筑原为朝西南方向开口的凹字形二层楼房,部分楼体后因拓宽十一经路被拆除,剩余部分呈"L"形。为满足抗震要求进行外部加固,增筑扶壁柱和圈梁,对原状有较大程度改变。位于建筑东北角的音乐厅由日本籍工程师设计建造,至今保存完好,仍作为教学演出场地使用。音乐厅设计科学合理,充分利用声学原理,在不使用电子设备的情况下,每个角落依然有很好的声效。音乐厅内部除灯具照明方面稍作改动外,其余均保持了原貌。

2013 年,中央音乐学院旧址由天津市人民政府公布为第四批天津市文物保护单位。

中央音乐学院旧址教学楼

旧址音乐厅

天津市第二工人文化宫建筑群

展览馆正立面细部

天津市第二工人文化宫建筑群位于天津市河东区光华路2号，是天津在新中国成立后建立的首个公园式工人文化宫，包括展览馆、剧场和图书馆三座建筑。

展览馆始建于1955年，1957年落成，平面呈工字形，占地面积2572平方米。1958年，毛泽东主席曾在这里参观"天津市增产节约成就"展。1968年，在原址扩建为毛泽东思想胜利万岁展览馆，又名毛泽东思想红太阳展览馆。1973年，历史博物馆迁入该楼。2002年，天津市总工会迁入该楼办公。

剧场于1953年落成，平面呈工字形，建筑面积7142平方米。该建筑为砖混结构，主体二层，局部三层。剧场内部一楼设1137个座席，二楼设432个座席。装饰考究，水磨石地面，木楼梯及舞台装饰均为当时一流水平。1954年1月，剧场举行落成典礼，梅兰芳进行首场表演，京剧名家马连良、张君秋、谭富英、裘盛戎，评剧名家新凤霞、小白玉霜等先后在此登台演出。

图书馆于1956年筹建，1957年9月落成，10月投入使用。该建筑为砖混结构，主体三层，内部有9个中小型办公室、4个大型活动室和1个书库。

2013年，天津市第二工人文化宫建筑群由天津市人民政府公布为第四批天津市文物保护单位。

398

展览馆正立面

展览馆全景

展览馆外廊

展览馆背立面

展览馆背立面入口

展览馆浮雕（一）

展览馆浮雕（二）

展览馆浮雕（三）

展览馆浮雕（四）

剧场全景

英商钮吗嗤·勃尔顿旧居

英商钮吗嗤·勃尔顿旧居位于天津市河西区台儿庄路 51 号，建于 1902 年。

钮吗嗤·勃尔顿是中国最早的铁路公司——津沽铁路公司的首席财务官。1907 年，京奉铁路管理局曾设于此，后经大规模改建成为京奉铁路宾馆，张学良、李宗仁、詹天佑等人曾在此居住。

该建筑为砖木结构独立式住宅，二层带地下室（现已毁坏），建筑面积 1592 平方米，有独立宽敞的庭院。外立面主体为清水墙面，局部以细砂石饰面，四坡平板瓦屋顶，挑檐宽大。正立面中轴对称，方窗，入口前设台阶，方柱门厅上方设露台。建筑室内装饰豪华，木楼梯、木地板及大量西洋古典装饰均保存完好。

2013 年，英商钮吗嗤·勃尔顿旧居由天津市人民政府公布为第四批天津市文物保护单位。

旧居方窗

英商钮吗嗤·勃尔顿旧居正立面

旧居侧立面

达文士楼

达文士楼位于天津市河西区马场道 121 号，建于 1905 年，由英商达文士修建。另有资料显示该楼由一位德国武官建造，建成后初期为德国武官及其眷属寓所。

该建筑为砖木结构，二层带阁楼，首层有花园，建筑面积 576 平方米。建筑立面为水泥拉毛饰面，瓦楞铁坡屋顶，山墙设老虎窗，尖、圆兼做，外表色彩强烈，内装修豪华，设备齐全。该建筑为典型西班牙式建筑风格，造型独特，具有较高的历史、艺术价值。

2013 年，达文士楼由天津市人民政府公布为第四批天津市文物保护单位。

达文士楼全景

二楼窗饰

三楼窗饰

屋顶圆窗

屋顶细部

细部雕花装饰

美国兵营旧址

美国兵营旧址位于天津市河西区广东路 1 号，建于 1910 年。该旧址原属德国租界地，第一次世界大战后改为美国兵营，1925 年，美军第十五联队司令马歇尔、魏德迈等军官在此驻扎。

旧址原有 1 处操场和 13 座楼房，占地面积 2.8 万平方米，现仅存一号、七号、八号楼 3 幢。三幢建筑均为砖木结构，地上主体三层，带半地下室，入口前设台阶，建筑总占地面积 2241 平方米。立面转角处设圆形塔楼，塔楼开老虎窗，盔式屋顶，小挑檐，外墙以水泥饰面。建筑体量感丰富，给人以厚重敦实感，保存较好。

2013 年，美国兵营旧址由天津市人民政府公布为第四批天津市文物保护单位。

美国兵营旧址全景

旧址转角

海河工程局旧址

海河工程局旧址位于天津市河西区台儿庄路 41 号。海河工程局成立于 1879 年，该局集中了中外优秀的水利专家，曾对海河进行裁弯取直、固堤放淤、河道疏浚等综合治理工程。1911 年，海河工程局斥资 4.7 万两白银在海河岸边建造两幢德式小楼用于办公及居住。

该旧址现存东、西两幢建筑，均为砖木结构，二层带半地下室，总建筑面积 766 平方米。建筑立面为红砖外墙，局部白水泥饰面，铁瓦坡顶，山墙带几何图案，楼顶设有天窗，局部设露台，立面为方窗，窗楣带几何图案。

海河工程局旧址是天津早期重要的城市建设部门所在地，建筑艺术价值较高。

2013 年，海河工程局旧址由天津市人民政府公布为第四批天津市文物保护单位。

旧址东楼正立面

旧址东楼侧立面

旧址东楼全景

旧址西楼全景

朱启钤旧居

朱启钤旧居位于天津市河西区马场道 164 号增 1 号，建于 1922 年。

朱启钤（1874～1964 年），贵州紫江人，辛亥革命后历任北洋政府交通总长、内务总长、代总理等职。1916 年移居天津。新中国成立后，曾任全国政协委员。

该旧居为二层带地下室的砖木结构建筑，建筑面积 644 平方米，红瓦坡顶出檐。清水砖墙，拱券式窗户，建筑二层局部设外廊，方柱，柱头雕有花纹，层间雕饰花纹，立面十分形象醒目，具有较高的历史、艺术价值。

2013 年，朱启钤旧居由天津市人民政府公布为第四批天津市文物保护单位。

朱启钤旧居全景

朱启钤旧居正面入口

拱券窗

朱启钤旧居背立面

刘冠雄旧居

刘冠雄旧居位于天津市河西区马场道 123 号，建于 1922 年。

刘冠雄（1853 ～ 1927 年），字资颖，福建侯官人。早年入福建船政学堂学习。1885 年留学英国，归国后任靖远舰帮统，1902 年为海天舰管带，后任德州兵工厂总办。1912 ～ 1916 年连任内阁海军总长。1922 年任厦门海疆防御使，同年寓居天津。

该旧居为三层带地下室的砖木结构建筑，占地面积 572 平方米。平面造型类似双筒望远镜，体现主人的身份和情怀。立面为红砖清水外墙，其上装饰有水泥抹灰横线条，与红色

旧居背立面局部

刘冠雄旧居全景

二层、三层牛腿和二层栏杆

三层牛腿

三层拱窗

砖墙面形成强烈的色彩对比。坡顶出檐，多用方窗，局部用
大拱券窗，雕花饰面阳台，内装饰讲究，设备齐全。

2013年，刘冠雄旧居由天津市人民政府公布为第四批
天津市文物保护单位。

　　袁克定旧居位于天津市河西区台北路6号。

　　袁克定（1878～1958年），袁世凯嫡长子，被称为"洪宪太子"，通晓德文。袁世凯死后，他将其父遗留下的古玩玉器、昂贵钟表、字画等运到该旧居，以"寓公"的身份过着挥金如土的生活。

　　旧居建于民国时期，砖木结构，

旧居入口

袁克定旧居全景

旧居一层大厅

地上二层，带地下室，局部设阁楼，坡顶出檐。建筑面积665平方米。外墙以水泥拉毛饰面，双层方窗，拱券大门。室内门、护墙板边缘均雕有花纹，具有一定的历史、艺术价值。

2013年，袁克定旧居由天津市人民政府公布为第四批天津市文物保护单位。

415

旧居内大门

旧居一层楼梯

天津市总工会第二工人疗养院旧址

天津市总工会第二工人疗养院旧址位于天津市河西区柳林路3号，建于1956年。1972年，原河西区结核病防治所迁于此处。

旧址现存门诊楼、住院楼、干部疗养楼、附属楼共4幢建筑，建筑之间由两组游廊相连。门诊楼为砖混结构二层楼房，占地面积1040平方米；坡顶，似歇山顶，山墙面为主立面，开门窗，人字山墙上有花纹雕饰；清水砖墙，方形窗、多边形窗兼有；正门入口处上方和楼体南面有阳台，栏杆装饰镂空栏板，石望柱柱头雕叶式花纹。住院楼

门诊楼窗饰

门诊楼全景

位于院内东北角，为一层坡屋顶楼房，占地398平方米；清水砖墙，入口处设石柱4根。干部疗养楼位于门诊楼西侧，为一层坡顶楼房，占地284平方米；屋顶局部高出屋面，内部为钢结构；楼体东西两侧各有一层平顶附属用房。附属楼建在门诊楼北侧，为一层坡顶楼房，占地321平方米；屋顶亦为局部高出做法；清水砖墙，下碱抹灰饰面。

　　天津市总工会第二工人疗养院旧址在建筑上具有中西合璧的特点，反映了一定的时代特征。

　　2013年，天津市总工会第二工人疗养院旧址由天津市人民政府公布为第四批天津市文物保护单位。

门诊楼雀替

基督教会仓门口堂

　　基督教会仓门口堂位于天津市南开区鼓楼东街（原东门里大街）186号。1910年10月19日，基督教会仓门口堂建成，这是华北地区第一座由华人自立、自养、自传的"三自"爱国教会。教会多年来在传道授业、蒙养赈济和历次近代爱国运动中均有突出表现。

　　基督教会仓门口堂由门楼、侧房和圣堂构成，均为砖木结构，门窗高大，占地面积1241平方米，建筑面积825平方米。教会成立时圣堂临街而建，随着教会日益壮大，于1934年对圣堂进行了重新翻建，移至教会后部。圣堂为二层楼房，青砖尖顶，瓦楞铁屋顶，造型别致，可容纳400余人听经。教会院内配房多为二层楼房，外院有楼房两层共18间，2间为办公和接待用，其他16间供教牧及信徒居住，临街建有副堂1间用作对外布道，可坐50余人。另圣堂东侧有跨院二层小楼一所，共5个房间。

　　2013年，基督教会仓门口堂由天津市人民政府公布为第四批天津市文物保护单位。

基督教会仓门口堂侧视

基督教会仓门口堂正立面局部

基督教青年会旧址

基督教青年会旧址位于天津市南开区东马路94号，建成于1914年。基督教青年会，简称青年会，由北美协会来会理于1896年创办。

该旧址为主体三层带半地下室的砖木结构建筑，占地面积1000平方米。建筑平面呈正方形，主入口处设台阶，两侧各立1根多立克式柱，门额上有"青年会"阳刻字样。立面墙体以红缸砖砌筑，平屋顶，四面出檐，门窗开阔，外檐简洁。地上一层前厅宽敞，后部有室内篮球场和剧场。室内篮球场按国际标准设计，规范合理，四周筑环绕看台。剧场曾进行奥运会演讲。地上二、三层设"德、智、体、群"等分部。该旧址亦为1919年天津"五四"爱国游行群体的集聚地。

2013年，基督教青年会旧址由天津市人民政府公布为第四批天津市文物保护单位。

旧址侧立面局部

基督教青年会旧址全景

基督教青年会旧址正立面

杨以德旧居

　　杨以德旧居位于天津市南开区二纬路 41 号。1921 年由杨以德出资兴建，作为其家宅使用。

　　杨以德（1873 ～ 1944 年），字敬林，天津人，自民国初期把持天津警务长达 15 年，五四运动期间镇压过天津学生的爱国运动，曾任直隶省省长。

　　该旧居为主体二层、局部三层带半地下室的砖木结构楼房。入口门厅两侧筑方、圆柱，上承弧形平台。东西两端为扇形和圆形角楼，外檐为红墙清水墙，局部为混水墙面。楼顶出檐，红瓦坡顶，设有南北阁楼。楼内一层正中为方形大厅，四周分立圆柱。居室围绕大厅设置，室内花砖铺地。整体建筑造型别致。杨以德旧居为南开区内现存为数不多且保存较好的近代西式建筑。

　　2013 年，杨以德旧居由天津市人民政府公布为第四批天津市文物保护单位。

杨以德旧居全景

杨以德旧居正立面

王永泉旧居位于天津市南开区三纬路72号，建于1921年。

王永泉（1886～1942年），字百川，天津人。曾任福建督军，1937年，日军侵占华北期间曾任伪华北临时政府治安部次长。

该旧宅为砖木结构建筑，主体二层，局部三层，带半地下室。该楼坐北朝南，建筑平面布局对称，外檐为青砖混水墙面。正立面入口两侧筑4根变形的爱奥尼式立柱，主入口门廊之上为阳台，阳台及屋顶女儿墙均为宝瓶护栏，墙身饰有精美纹饰。室内入口门扇及木楼梯样式精美。该院内尚存祠堂建筑，祠堂内设戏楼，保存完好。

2013年，王永泉旧居由天津市人民政府公布为第四批天津市文物保护单位。

王永泉旧居全景

王永泉旧居正立面（局部）

旧居一层大厅

旧居内走廊

南开大学建筑群

　　南开大学建筑群位于天津市南开区卫津路 94 号南开大学内。南开大学于 1919 年由著名爱国教育家张伯苓（1876～1951 年）和严修（1860～1920 年）创办。最初成立时，设文、理、商三科，招收学生 96 人，周恩来为文科第一期学生（学号 62 号）。

　　南开大学校内主楼位于学校中南部，是南开大学的标志性建筑，建于 1961 年。由天津工业建筑设计院刘润身、庞瑞主持设计，占地面积 18212 平方米，是当时天津市规模最大的高校单体建筑。该建筑坐北朝南，松香石墙面，主体为六层砖混结构，局部十二层，屋顶上设塔楼，造型轴线对称，雄壮宏

主楼正立面

周恩来雕像

主楼背立面

南开大学校钟铭文（局部）

南开大学校钟

伟，朴素大方。立面上做出凹进凸出的"垂直体量"划分，利用高低层结合，局部做成塔楼形式，突出了中心教学楼的位置。6 根方形立柱支撑形成入口门厅，门前为广场，广场正中立有周恩来雕像。

此外，校内第三、四教学楼，图书馆，学生第三食堂，北村教职工宿舍楼，学生宿舍楼，芝琴楼和秀山堂都具有一定的历史价值及艺术价值。

2013 年，南开大学建筑群由天津市人民政府公布为第四批天津市文物保护单位。

徐朴庵旧居

徐朴庵旧居位于天津市南开区东门里大街202号（现鼓楼东街）。1895年，麦加利银行天津分行开业，徐朴庵为第一任买办。民国初年，他耗资白银10万两，在老城购地建成此宅，1946年徐朴庵去世，1947年该房产卖出。

该建筑群整体采用坎宅巽门的平面布局，门楼坐北朝南，位于大院东南角。大院占地面积共1920平方米，由中部三进四合院、东西两箭道及东西两跨院构成，建筑全部为砖木结构。中部正院正房、厢房各面阔三间、进深一间，中部后院正房面阔五间、进深一间，厢房各面阔三间、进深一间，四面檐廊环绕相连。墙体磨砖对缝，做工精细，为中国传统小式做法。东西两侧箭道具有天津民居特色，墙檐下保存大量砖雕纹饰，制作精美，纹样丰富，颇多吉祥寓意，如"松鼠葡萄""白猿献寿""五蝠捧寿""四季平安""鹿鹤同春"等，堪称砖雕工艺杰作。

1998年，徐朴庵旧居被南开区人民政府公布为南开区文物保护单位。

2013年，徐朴庵旧居由天津市人民政府公布为第四批天津市文物保护单位。

徐朴庵旧居大门

影壁

内部院落

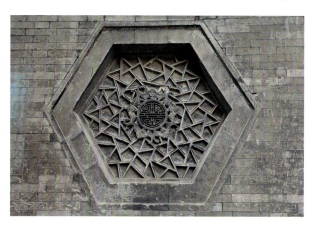

砖雕窗

影壁砖雕

箭道

八角形月亮门

天津大学建筑群

天津大学建筑群位于天津市南开区卫津路 92 号天津大学内。

天津大学前身为北洋大学。中日甲午海战之后，天津海关道盛宣怀通过直隶总督王文韶，禀奏清光绪皇帝设立新式学堂。光绪二十一年（1895 年），光绪皇帝批准，成立天津北洋西学学堂，并由盛宣怀任首任督办，校址在天津大营门博文书院旧址。光绪二十二年（1896 年），更名为北洋大学堂。光绪二十六年（1900 年），八国联军入侵津京，学校被迫停办。至光绪二十九年（1903 年）四月，在西沽正式复课。1912 年 1 月，改名为北洋大学校，直属教育部。1913 年，又改称国立北洋大学。1928 年，更名为国立北平大学第二工学院。

光绪二十九年北洋大学堂开学复课时，分设法律、土木工程、采矿冶金 3 个学门，后应外交需要附设法文班、俄文班，光绪三十三年（1907 年）开办师范科，至此北洋大学已成为包括文、法、工、师范教育诸科，初具综合性的新式大学。

主楼（第九教学楼）

天津大学主楼又称第九教学楼，1954年由建筑师徐中设计，坐北朝南，四层砖木结构，灰色水泥板瓦歇山顶，屋顶正中为十字交叉歇山屋脊，鸱吻为飞翔的白鸽，琉缸砖清水墙面。建筑分台基、主体、屋顶三段，前月台台阶直通位于第二层的建筑入口。檐头处理较简单，仅在关键部位模仿古建筑设"霸王拳"加以装饰。在总平面布局上，该楼位于第五和第六教学楼之间偏北方向，三建筑呈品字形布局，山顶、屋脊及比例精确的门窗将建筑衬托得洗练端庄，奠定了其天津大学群楼之首的地位。

此外，校内第一、三、四、五、六、七、八、十一教学楼和土木工程系土建馆、动力工程系内燃机大楼、图书馆（北馆）、六村教职工宿舍、体育馆、学生第三食堂也都具有一定的历史、艺术价值。

2013年，天津大学建筑群由天津市人民政府公布为第四批天津市文物保护单位。

主楼檐下彩绘

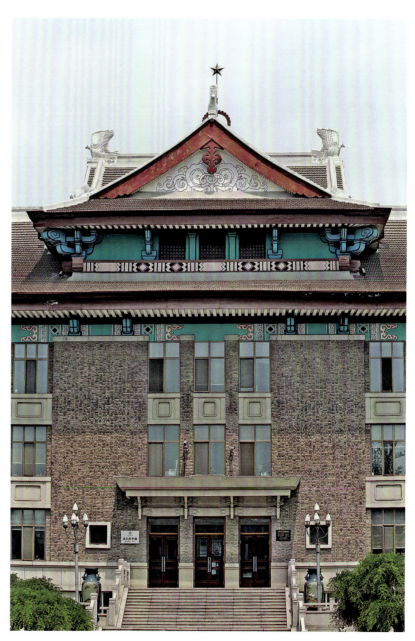

主楼正立面中部

主楼屋顶鸱吻

主楼屋顶斗栱

主楼屋顶

第一教学楼

第三教学楼

第四教学楼

第五教学楼

第六教学楼

第七教学楼

第八教学楼

第十一教学楼

第三食堂

图书馆（北馆）

动力工程系内燃机大楼

土木工程系土建馆

奥匈帝国领事馆旧址

奥匈帝国领事馆旧址位于天津市河北区建国道 153 号，建于清光绪二十八年（1902 年）。奥匈帝国领事馆始设于清同治八年（1869 年），但直至清光绪二十五年（1899 年），奥匈帝国驻津领事均由英国驻津领事兼任。1900 年，奥地利派出首任驻津领事甘伯乐。1902 年，天津奥租界划定后，领事馆随之迁入现址。

该建筑为主体二层的砖木结构建筑，混水墙面，鱼鳞石片小方瓦顶。西侧两层坡顶出檐，东侧平顶，一层上筑露台，瓶式围栏。入口位置首层及二层设多立克式立柱装饰。整体建筑高低错落，装饰简洁又不失典雅。

2004 年，奥匈帝国领事馆旧址被天津市河北区人民政府公布为"已公示不可移动文物"。

2013 年，奥匈帝国领事馆旧址由天津市人民政府公布为第四批天津市文物保护单位。

奥匈帝国领事馆旧址正立面

奥匈帝国领事馆旧址侧视

比商天津电车电灯股份有限公司旧址

　　比商天津电车电灯股份有限公司旧址位于天津市河北区进步道 29 号，建于 1904 年。原为比商天津电车电灯股份有限公司总部办公楼，1937 年，日军控制设立华北电力公司天津分公司；1945 年，改为南京国民政府冀北电力有限公司天津分公司；1949 年后，由天津市人民政府电力部门使用。

　　该建筑为主体二层带半地下室的砖木结构楼房。两侧为三层平顶塔楼，瓶式围栏。中间两层为回廊式结构，四组多立克式柱均匀分布支撑。门窗造型多样，一层为圆拱，二层为尖拱，三层为平拱。建筑造型规整，典雅大方。

　　2013 年，比商天津电车电灯股份有限公司旧址由天津市人民政府公布为第四批天津市文物保护单位。

比商天津电车电灯股份有限公司旧址正立面全景

入口阶梯

大厅内景

一层外廊

大门

津浦路西沽机厂旧址

　　津浦路西沽机厂旧址位于天津市河北区南口路22号，始建于清宣统元年（1909年）。该厂由德国人设计建造，原为津浦铁路天津机厂，名津浦路西沽机厂，俗称津浦大厂，是当时中国机车车辆配件生产的重要基地。新中国成立初期，厂址扩建，将原属津浦铁路管理局机务段等处划入该厂，名为铁道部天津机车车辆机械工厂。该厂是天津现存百年的一处珍贵工业遗产，与天津西站主楼等铁路运输设施，构成了天津市较为完整的铁路历史遗产体系。

　　该厂址现为天津机辆轨道交通装备有限责任公司。现存1座德式老厂房、1座扇形车间和1座水塔，均有百年历史。德式老厂房占地面积672平方米，通高12米，一层砖木结构建筑，外立面为琉缸砖清水墙并装饰有砖砌拱券窗口，脊上有贯通天窗。开窗为大型连拱式，每一扇大窗又嵌套三联拱小窗，采光效果良好。山墙下部开门，山花处设2个圆拱窗。水塔原为蒸汽机车加

津浦路西沽机厂旧址正门

水之用，塔高 21.5 米，塔尖处设置风向标，
风标板镂空字为"1910"，现贮水容量 98 吨，
用于生产及花木浇灌。另有扇形车间 1 座，
硬山顶，平面呈弧状，造型独特。

2013 年，津浦路西沽机厂旧址由天津市
人民政府公布为第四批天津市文物保护单位。

德式旧厂房

德式水塔

扇形车间

曹禺旧居

曹禺旧居位于天津市河北区民主道7-9号，建于清宣统二年（1910年）。著名剧作家曹禺青少年时曾居住于此，话剧《雷雨》也是在此创作。

该旧居为前后两座二层建筑，砖木结构。前楼坡顶，方形门厅，方柱支撑，上设围栏阳台。后楼平顶。2007年修复，保存较好。

2013年，曹禺旧居由天津市人民政府公布为第四批天津市文物保护单位。

前楼正立面

442

曹禺旧居前楼全景

后楼全景

前楼内景

后楼二层客厅

曹禺书房内景（一）

曹禺书房内景（二）

冯国璋旧居

冯国璋旧居位于天津市河北区民主道 52-56 号。该建筑初建于 1912 年，为奥匈帝国建筑师劳本设计。冯国璋于 1913 年从奥匈帝国工程师布吕纳手中买下该楼，又委托一位德国建筑师按原建筑风貌进行扩建和接建。

冯国璋（1857～1919 年），字华甫，一作华符，毕业于北洋武备学堂。1903 年，于北京担任清政府练兵处军学司司长，亲手培养了一批具有浓厚北洋派系观念的军官，对北洋军阀反动集团的形成起了重要作用。他是北洋军阀代表人物，曾任民国总统，近代历史影响非凡。1912～1918 年，曾任江苏都督、副总统、代理大总统。下野后寓居天津。冯国璋与合肥段祺瑞、正定王士珍有北洋"陆军三杰"之称。

冯国璋旧居全景

旧居侧视

　　其旧居现为二层砖混结构楼房，坡顶，占地面积 972.09 平方米，两幢相连，其中一幢内各室房间以大折叠门联通，另一幢为联立式门。正立面以三层盔顶塔楼为中心，呈对称式布局，两侧各有外跨封闭阳台，上设三角形山花。建筑造型整体呈奥地利式建筑风格，布局大方，朴实典雅。

　　2004 年，冯国璋旧居被天津市河北区人民政府公布为"已公示不可移动文物"。

　　2013 年，冯国璋旧居由天津市人民政府公布为第四批天津市文物保护单位。

孟氏家庙

　　孟氏家庙位于天津市河北区博爱道 12 号，建于 1912 年，曾为谦祥益绸缎庄孟氏之家庙。

　　主人孟养轩（1891～1953 年），名文臣。1919 年，独资经营天津谦祥益绸布店，享誉海内外。

　　该建筑平面呈回字形，由前后两幢建筑组成，总建筑面积约 2500 平方米。前楼为西式风格，三层砖木结构，层间有六楼形装饰。后楼平面呈凹字形，与前楼相接成天井式庭院，整体凸显浓郁中式风格，主楼三层，两侧配楼二层，硬山顶砖木结构，顶上设老虎窗，各层间均建有走廊环通，门窗为拱券式。

　　2013 年，孟氏家庙由天津市人民政府公布为第四批天津市文物保护单位。

孟氏家庙正立面

局部墙面装饰

窗饰

露台

外部走廊

建筑围合形式

扶轮中学旧址

扶轮中学旧址位于天津市河北区吕纬路93号。该校创建于1918年，是中国创建最早的一所铁路子弟学校。建校百年来，培养出一批批各条战线上的专业人才和骨干力量，如天津早期的共产党员江震寰烈士、著名数学家陈省身，还有许多教育家、学者、作家、著名演员、运动健将等。

旧址现存保存完好的两幢建筑，由素有"建筑泰斗"之誉的庄俊先生设计，天津振元木器厂建造，1921年竣工。外墙均用青条石砌筑。南、北两楼均为平顶，主体二层，局部三层，带地下室，建筑平立面均为中轴对称布局。南楼为教学楼，北楼原为学生宿舍、礼堂、实验室等，现为办公楼。

北楼入口

扶轮中学旧址大门

扶轮中学旧址北楼正立面

扶轮中学旧址北楼侧视

建筑外观古朴、端庄，原貌保存良好，文化内涵丰富，价值较高。

　　1993 年，扶轮中学旧址被天津市河北区政府公布为河北区文物保护单位。

　　2013 年，扶轮中学旧址由天津市人民政府公布为第四批天津市文物保护单位。

扶轮中学旧址南楼正立面

扶轮中学旧址南楼侧视

南楼次入口

南楼主入口

南楼内部铺地

南楼一层内景

顺直水利委员会旧址

　　顺直水利委员会旧址位于天津市河北区自由道24号。1918年，由北洋政府国务总理熊希龄主持的顺直水利委员会在此成立。1928年，改组为华北水利委员会，著名水利专家李仪祉任委员会主席。1929年，委员会明确了以华北各河湖流域及沿海区域为管辖范围。1931年，在旧址院内首级台阶前设大沽高程水准基点。抗日战争爆发后委员会迁至重庆，各项工作被迫停止。抗战胜利后改组为华北水利工程总局。

　　该旧址为主体两层带半地下室的砖木结构建筑，建筑面积约2288平方米。中心为塔楼，平面呈"L"形。平顶出檐上有瓶式围栏，檐下水涡支撑。半六边形门厅，由两侧拱门进入，拱门前设台阶。首层有回廊，以多立克柱式支撑。建筑造型典雅、华丽，柱廊拱券相间，转角顶部呈露空古堡形，且保存完好，文化艺术内涵十分丰富。该委员会作为近代华北重要河流水利管理机构，曾有许多政界要员、著名专家在此任职，也是中国北方研究水利文化十分重要的历史见证，无疑是中国水利史的一处重要纪念地。至今旧址内尚存一些重

顺直水利委员会旧址全景

要科学遗迹，历史价值很高。

2013年，顺直水利委员会旧址由天津市人民政府公布为第四批天津市文物保护单位。

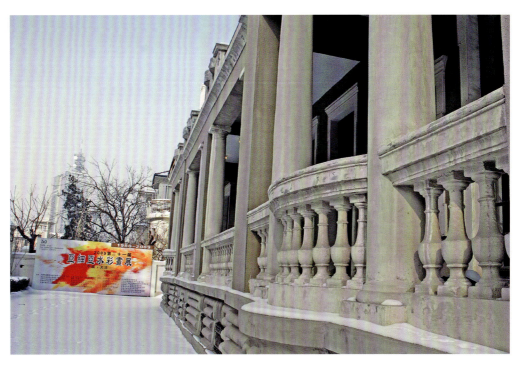

旧址局部

入口

大门

453

圣心堂旧址

圣心堂旧址位于天津市河北区建国道 25 号，建于 1922 年，由意大利天主教方济各会在津机构方济堂兴建，又名耶稣圣心堂。

该旧址为主体二层、局部三层的砖木结构建筑。二层东、西、北三面外凸，檐口山花下开扇形窗。三层呈八角形，顶层为八角形坡顶出檐，极为醒目，檐下每边各开一圆形窗。

圣心堂旧址立面造型复杂、奇特，是西方宗教文化在津传播的实物见证，具有较高的历史、艺术价值。

2013 年，圣心堂旧址由天津市人民政府公布为第四批天津市文物保护单位。

圣心堂旧影

旧址局部

圣心堂旧址全景

旧址正立面

意大利兵营旧址

意大利兵营旧址位于天津市河北区光明道 20 号。清光绪二十六年（1900 年）八国联军入侵中国后，意大利在我国驻扎陆军混战营，管佐士兵 999 人，大部分在天津。民国十四年（1925 年）在意租界小马路（今光明道）修建了一座规模宏大的兵营。新中国成立后成为人民解放军驻地，后为中国人民解放军天津警备区独立师师部，现为中国人民武装警察部队天津总队一支队机关所在地。

旧址现存四层主楼 1 座、四层东配楼 1 座、三层西配楼 1 座，另有光明道大门平房数间，砖木结构，总占地面积 4206 平方米。建筑规模宏大，整体平面呈凹字形，是全国唯一保存完整的兵营类建筑。

意大利兵营旧址是天津百年近代史的展现，八国联军侵略中国的铁证，教育后人的历史证据。

2013 年，意大利兵营旧址由天津市人民政府公布为第四批天津市文物保护单位。

意大利兵营旧址外景

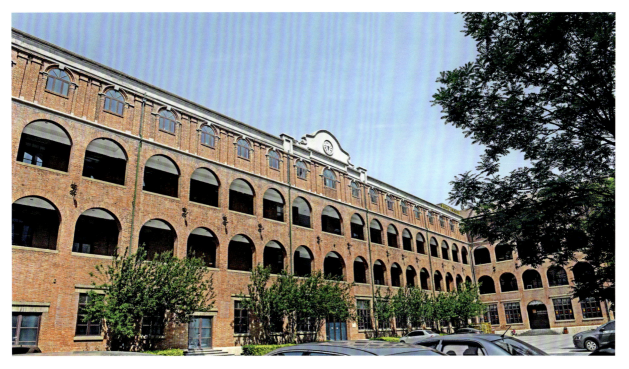

院落内景

内廊转角

二三层窗饰

外檐细部

院落内局部立面

天津电话六局旧址

　　天津电话六局旧址位于天津市河北区月纬路 11 号。1925 年 11 月，在河北大经路（今中山路 117 号）设电话局河北临时分局。1927 年，在现址建设新楼。1928 年 11 月，落成使用，时称"北局"。1929 年改称"六分局"。天津沦陷后，此建筑被日军占用。

　　该旧址为主体两层带地下室的砖混结构建筑。正立面中心对称，主入口处上筑山花，以高大的爱奥尼式柱支撑。建筑外观典雅、秀丽，为欧洲古典主义风格。

　　天津电话六局旧址是天津城市化进程中的重要史迹，同时也是一处重要工业遗产，具有极高的历史、艺术价值。

　　2013 年，天津电话六局旧址由天津市人民政府公布为第四批天津市文物保护单位。

天津电话六局旧址正立面

旧址全景

正立面局部

入口装饰

中山公园

中山公园位于天津市河北区中山公园路3号，始建于清光绪三十一年（1905年），原是在津门名园思源庄遗址上建造的劝业会场，后改称河北公园、天津公园等，是天津最早向民众开放的公园。

清末至抗日战争爆发前，园内和周边曾相继设立直隶布政使署、直隶按察使署、直隶学务公所、省图书馆、省博物院等机构。1912年8月孙中山北上参加孙（中山）、黄（兴）、袁（世凯）、黎（元洪）会谈，途经天津，在此出席天津国民欢迎大会。周恩来、马骏分别于1915年、1919年在此发表过爱国演说。1928年，为纪念孙中山先生而更名中山公园，沿用至今。园内还有十五烈士纪念碑和魏士毅女士纪念碑等文物。

中山公园为清末推行新政时期劝兴实业的展示窗口，也是近代天津重要集会场所和革命纪念地，有较高的历史价值。

2013年，中山公园由天津市人民政府公布为第四批天津市文物保护单位。

中山公园正门

公园内碑亭

公园内孙中山塑像

公园内保存界碑

461

公园内凉亭

公园内保存碑首

冈纬路教堂

冈纬路教堂位于天津市河北区冈纬路 27 号，1935 年由美国传教士兴建。该教堂隶属于原天津基督教公理会众议会（教区）和华北基督联合会，属美国公理会教堂，曾是美国公理会在天津的中心教堂，也是天津中华基督教公理会的中心教堂。教堂在教务活动方面，曾设有执事会（每两周一次），还有晨更会、查经会和主日学。此外，还有妇女会、儿童补习班和青年学习生产班等活动。

教堂建筑由礼拜堂、圣堂和钟楼三部分组成，砖混结构，主体三层，带

冈纬路教堂正立面

地下室。山墙首层正中为教堂入口，下筑高台阶，山墙左侧为三层平顶方形钟楼，山花顶上竖十字架。墙体皆以窑口砖砌筑，立面有砖向外凸起形成装饰艺术效果，两坡顶，尖拱状门窗。

冈纬路教堂是西方宗教文化在津传播的见证，现保存完好，文化内涵丰富，历史价值较高。

2013 年，冈纬路教堂由天津市人民政府公布为第四批天津市文物保护单位。

教堂窗饰

教堂楼梯

教堂内礼拜堂

国营天津无线电厂旧址

国营天津无线电厂旧址位于天津市河北区新大路 185 号。该厂前身为湖南电器厂，1936 年建于湖南长沙，1946 年迁至天津现址，定名为中央无线电器材厂天津厂。1949 年，改称中央无线电器材厂第二制造厂。1953 年，改称国营天津无线电厂，即"712 厂"。1985 年，改称天津通信广播公司。2000 年，称天津通信广播集团有限公司。2002 年更名为天津 712 通信广播集团有限公司。

厂区现存新中国初期所建办公楼 1 座和旧厂房 2 座。办公楼为砖木结构，主体三层，坡顶出檐，檐角富有中国传统特色，正立面中心对称，方形门厅，规模较大，保存较好。旧厂房皆为硬山顶，开窗宽敞简洁。

国营天津无线电厂旧址是中国最早的大型综合电子骨干企业，是中国航空电台、铁道电台、战术电台的定点生产厂，生产出了中国第一台电视机，被誉为"华夏第一屏"。它曾为中国无线电事业做出巨大贡献，是研究现当代工业遗存与发展的重要实物资料，具有较高的历史价值。

2013 年，国营天津无线电厂旧址由天津市人民政府公布为第四批天津市文物保护单位。

国营天津无线电厂旧址办公楼全景

办公楼入口

厂房之一全景

厂房之二全景

刘髯公旧居

刘髯公旧居位于天津市河北区建国道 66 号，建于民国时期。

刘髯公（1893～1938年），字仲儒，天津武清人，回族。1924年与段松坡、薛月楼合作创办了《新天津报》，此后又陆续创办《新天津晚报》《文艺报》《新天津画报》《新人月刊》等报刊。因宣传抗日被日寇关押，拷打致死。

该旧居为地上二层带半地下室的砖木结构建筑，平面呈折线布局，红瓦坡屋顶。建筑两端有八角塔楼，以回廊相连，圆柱支撑。建筑外观典雅气派，文化内涵丰富，历史价值较高。

2013 年，刘髯公旧居由天津市人民政府公布为第四批天津市文物保护单位。

旧居角楼

旧居大门

刘髯公旧居全景

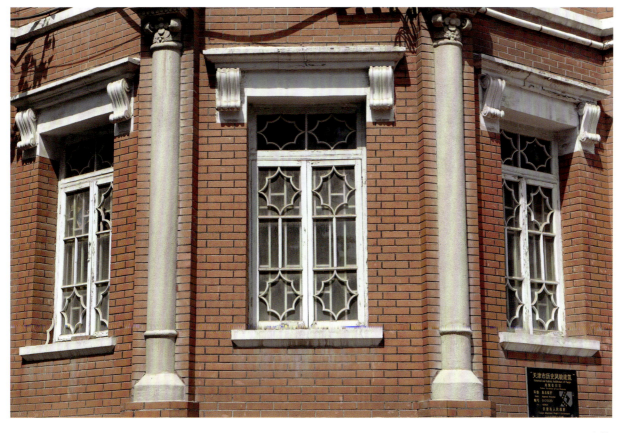

旧居窗饰

卢鹤绂旧居

卢鹤绂旧居位于天津市河北区胜利路403号，建于民国时期。

卢鹤绂（1914～1997年），著名核物理学家、中科院院士，我国核科学技术先驱者之一，学术成就享誉海内外，因揭示原子弹爆炸秘密被誉为"中国核能之父"。他在流体力学领域的研究成果还被命名为"卢鹤绂不可逆性方程"。

该旧居为主体三层、局部两层带半地下室的混合结构建筑。红砖混水墙，平屋顶，顶部饰有瓶式围栏，整体外观简洁、典雅，具有古典主义风格，科学、艺术内涵丰富，价值很高。

2013年，卢鹤绂旧居由天津市人民政府公布为第四批天津市文物保护单位。

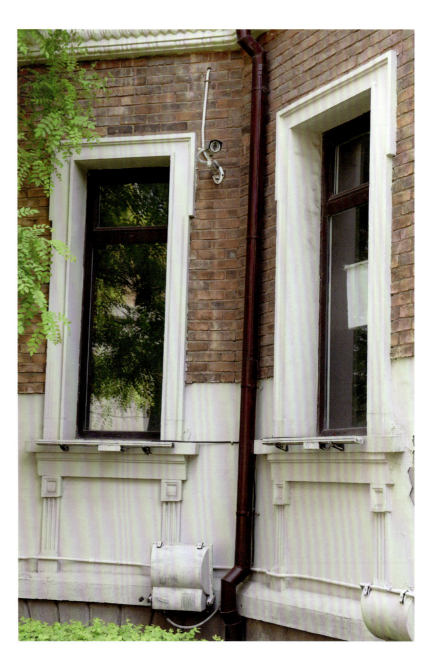

旧居窗饰

卢鹤绂旧居全景

卢鹤绂旧居侧立面

潘毓桂旧居

潘毓桂旧居位于天津市河北区民族路 47 号，建于民国时期。原为鲍贵卿房产，后由潘毓桂从其手中购得。

潘毓桂（1884～1961 年），字燕生，河北盐山人。清末举人，日本早稻田大学法科毕业。1938 年，出任"伪天津市市长"，1939 年，去职赴日。1945 年，抗日战争胜利后被逮捕。其子潘铁铧，号骏千，日本庆应大学医学博士，著名农药毒理专家。他曾利用此建筑开办"骏千医院"。

该旧居为主体三层带半地下室的砖木结构建筑，平顶出檐，半圆形门厅，青灰色外墙，外观华丽，内装饰考究，设施齐全。

2013 年，潘毓桂旧居由天津市人民政府公布为第四批天津市文物保护单位。

潘毓桂旧居正立面

旧居侧视

旧居正立面局部

王卓然旧居

王卓然旧居位于天津市河北区博爱道 22-24 号，建于民国初年。

王卓然（1893～1975 年），辽宁抚顺人，爱国民主进步人士。曾为张学良幕僚及家庭教师，东北大学教授、代理校长。九一八事变后任东北民众抗日救国会和东北救亡总会理事，"东北救亡七杰"之一，九三学社发起人之一。1955 年任中华人民共和国国务院参事。1951 年在此宅创办天津首家私立儿童文化服务馆。

该旧居为主体三层带半地下室的砖木结构建筑。建筑布局对称，外檐正立面为抹灰墙面，其余为清水墙。露台有瓶式围栏。坡屋顶，平板瓦屋面。

2013 年，王卓然旧居由天津市人民政府公布为第四批天津市文物保护单位。

旧居窗间装饰

王卓然旧居正面全景

旧居侧视

旧居顶部

旧居侧山墙

473

旧居窗间装饰

直隶全省内河行轮董事局旧址

直隶全省内河行轮董事局旧址位于天津市红桥区小辛庄街 19 号。

直隶全省内河行轮董事局是由直隶省行政公署、北洋政府海军部，以及大沽造船所各出官银 5 万两于 1914 年 9 月 16 日合资创办。1928 年，更名为天津特别市政府内河航运局。1930 年，改称河北省内河航运局。1960 年，更名为河北省交通厅航运管理局。1964 年，河北省与天津市航运机构合并。1972 年，改名为河北省航运管理局。

旧址由内河局红桥客运站、办公楼、航运局工人俱乐部、医务室小楼四座建筑组成。办公楼坐北朝南，二层砖木结构建筑，平面呈一字形，内廊式布局，双坡顶。医务室小楼位于旧址办公楼西北侧，单层平顶，砌体结构，

旧址办公楼

红桥客运站　　　　　　　　　　　　　　　　　　客运站标志

航运局工人俱乐部

内设钢筋混凝土圈梁，屋顶设老虎窗。航运局工人俱乐部也为一字形平面，砖木结构，南北向布置，单层双坡顶，红色机平瓦屋顶设老虎窗。红桥客运站外有围墙进行保护，建筑为一层，砌体结构，南北向布置，现已闲置。旧址建筑风格朴素大方，具有近代典型的时代特征和新建筑艺术形象。

直隶全省内河行轮董事局，是民国时期建立的保定至天津内河航运的总管办处，在华北地区内河航运中上具有重要地位。

2013年，直隶全省内河行轮董事局旧址由天津市人民政府公布为第四批天津市文物保护单位。

天津普通中学堂旧址

天津普通中学堂旧址位于天津市红桥区铃铛阁大街1号。"庚子事变"后，1901年经津邑高凌雯、王世芸等倡议，将稽古书院改建为普通中学堂，是天津较早的学校之一。1903年，更名为天津府官立中学堂。因旧址原为稽古寺，寺内藏经阁人称"铃铛阁"，故现名铃铛阁中学。

礼堂奠基石

校内现仅存早期礼堂一座，平面呈凸字形，二层砖混结构楼房，一层为办公用房，二层为礼堂。楼入口处分为左右楼梯，楼梯两侧共镶嵌有6块稽古书院遗存碑文，记载清代稽古书院创建、官绅捐银、田房地基、章程条规等内容。外墙正中处镶有民国二十二年（1933年）陈宝泉题写河北省立第一中学重筑礼堂奠基石。

2013年，天津普通中学堂旧址由天津市人民政府公布为第四批天津市文物保护单位。

天津普通中学堂旧址礼堂正立面

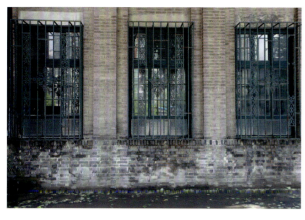

礼堂窗饰

大礼堂观礼区

大礼堂舞台

礼堂内部楼梯

礼堂主入口

大红桥

  大红桥位于天津市红桥区子牙河北路，原为木桥，清光绪十三年（1887年）改建为单孔拱式钢桥。1924年被洪水冲毁；1933年筹建新桥，1937年竣工，称西河桥；1964年因桥体开启制动系统失灵，将开启钢架及平衡砣拆除。1965年改称大红桥，至今仍在使用。红桥区也因此桥而得名。

  大红桥现为开启式三孔铁桥。主跨为杆拱结构，右岸一孔为人工启闭的单叶立转开启桥跨。拱跨与引跨均以沥青混凝土铺设，下部台、墩为钢混结构，全长80、宽12米。大红桥结构严谨，造型美观，是红桥区内现存的唯一铁桥，也是我市仅存的三座开启式铁桥之一。

  2013年，大红桥由天津市人民政府公布为第四批天津市文物保护单位。

大红桥全景俯视

大红桥桥面局部

福聚兴机器厂旧址

福聚兴机器厂旧址位于天津市红桥区小马路16号尚都家园内，是三条石地区较早创办的工厂之一，也是天津早期工业遗存中唯一保留下来的工厂旧址。

旧址整体占地面积630平方米，是三条石历史博物馆的组成部分。旧址内各建筑互相连通，有资本家用于监视工人干活的四面开窗的柜房，有低矮的吊楼、简陋的工棚和阴暗潮湿的车间。三条石工人就是在这样艰苦的条件下用勤劳智慧的双手，制造出天津及华北地区最早的机器设备。

2013年，福聚兴机器厂旧址由天津市人民政府公布为第四批天津市文物保护单位。

福聚兴机器厂旧址大门全景

引滦入津工程纪念碑

引滦入津工程纪念碑位于天津市红桥区三岔河口处，是天津市委、市政府为纪念党中央、国务院解决天津城市用水问题兴建跨省市、跨流域的综合性供水工程而建造的一座纪念碑。此碑由邓小平亲笔题写"引滦入津工程纪念碑"碑铭，碑体通高24米，分碑座及人物塑像两部分，碑座为三角形，大理石质地，高18米，其上耸立着汉白玉雕刻的妇女抱婴儿塑像。

引滦入津工程建成结束了天津人民喝咸水、苦水的历史，天津城市饮用水水质达到国家二级标准，成为全国饮用水质量最好的城市之一。工业生产缺水的被动局面得到扭转，不仅使用水较多的企业全部恢复生产，而且使天津港获得了新生，新港船闸得以重新开启使用，停产三年之久的内河港区码头恢复生产。此外，工程也为新建企业提供了可靠水源，加速了工业发展，改善了投资环境，成为天津经济和社会发展赖以生存的"生命线"。引滦入津工程纪念碑是这一历史性工程的标志。

2013年，引滦入津工程纪念碑由天津市人民政府公布为第四批天津市文物保护单位。

引滦入津工程纪念碑全景

纪念碑俯视

纪念碑雕塑部分

纪念碑龚望题字

杨柳青火车站

杨柳青火车站位于天津市西青区杨柳青镇十一街柳溪苑小区北门对面。1912 年，于津浦铁路竣工时建造。

1898 年 9 月，英、德资本集团背着中国，在伦敦举行会议，擅自决定承办津镇铁路（天津至镇江）。清政府屈服于帝国主义的压力，于 1899 年 5 月签定了借款合同草稿，1908 年签定了正式借款合同，并将津镇铁路改为津浦铁路。津浦铁路全长 1009 公里。北段自京奉铁路天津总站以南两路接轨处起，至山东韩庄，长 626 公里。南段自韩庄至浦口，长 383 公里。两段分别于 1908 年 7 月和 1909 年 1 月开工，1911 年 9 月接轨。

杨柳青火车站站名

杨柳青火车站占地面积 575 平方米。站房建筑为砖混结构，主体二层德式建筑。屋面覆盖红色筒瓦，陡坡开天窗，五开间，木制月台，正立面中间为三间拱券式门，两侧为长方形门。

杨柳青火车站站房全景

站台

站房主楼正立面局部

站房主楼西侧房山墙

  整个建筑完整保存了旧时火车站的原貌，是当时中国铁路发展的历史见证，为铁路发展史的研究提供了实物依据，对研究津浦铁路的发展有很高的学术价值。

  2013年，杨柳青火车站由天津市人民政府公布为第四批天津市文物保护单位。

站房附楼侧立面

静海火车站

静海火车站位于天津市静海区静海镇联盟大街，始建于 1908 年，1910 年建成。

站房为德国人建造的局部二层德式马尾桁架建筑，砖木结构，四面均有门窗，建筑面积 910 平方米。建筑用枋桷挑出四面廊檐，两层之间为旋转式木梯，建筑主体后面为一个长方形小院，有房面阔七间，进深 44 米。

静海火车站与天津西站、唐官屯火车站、杨柳青火车站、唐官屯铁桥等构成系列的津浦铁路遗存，是线型文化遗产的重要门类。

2013 年，静海火车站由天津市人民政府公布为第四批天津市文物保护单位。

站房供暖通气孔

静海火车站站房正立面

站房背立面

后院平房

站台及轨道

唐官屯铁桥

　　唐官屯铁桥位于天津市静海区唐官屯镇烧窑盆村南4公里，马厂减河上游，是津浦铁路旁的人行桥。此桥为钢架结构，桥面铺木板，全长40、宽4米。桥两端为水泥桥墩，平架两根钢梁，两侧各立三组高4米的三角形钢架，构成梯形框架。现已废弃。

　　唐官屯铁桥是年代较早且具有一定规模的现代铁桥，工艺水平很高，科学价值较高，同时亦是为数不多的津浦铁路初建时期桥梁的实物。

　　2013年，唐官屯铁桥由天津市人民政府公布为第四批天津市文物保护单位。

唐官屯铁桥远景

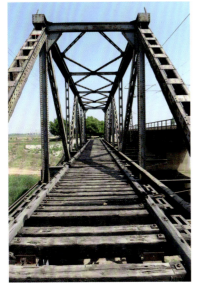

铁桥桥面

铁桥桥体细部

铁桥全景

九宣闸

　　九宣闸位于天津市静海区唐官屯镇靳官屯村南，马厂减河与南运河交汇处，南运河东侧，马厂减河西端，始建于清光绪七年（1881 年），取"宣泄九河"之意，故名宣九闸，为马厂减河的枢纽工程。

　　宣九闸总宽 12.4 米，全部由细加工块石砌成。开敞式结构，共分五孔，每孔高 5.8、宽 4.8 米，机架桥宽 3.8 米。闸门为平板钢门，设启闭机 5 台，由钢缆链接电动卷扬机启闭。闸上有交通桥，长 43、宽 8.6 米，1975 年更换钢筋混凝土板梁，铺沥青。

　　初建时该闸闸基底部铺三合土，并用练锤夯实。基座上修建分水桥墩 4 座，以花岗岩石砌成。闸分五孔，闸板系木制，每块高一尺五寸，长一丈八

九宣闸远景

九宣闸局部　　　　　　　　　　　　　　　　上部结构

南运河靳官屯闸碑　　　　　　　　　　　　　　　　闸体

尺，视运河水势及减河需水情况提闸或落闸，水从板上漫流，致使南运河正流"顺轨而下"。提闸时，将闸板逐块撤出；落闸时，再逐块放入，称为"滚水坝"，这种闸板能把泥沙挡在闸外，利于定时清淤。竣工后，李鸿章撰写《南运减河靳官屯闸记碑》，盛赞马厂减河的作用。此外，减河开通后，与静东、津南原有沟淀泊沟通，形成"阡陌纵横、河渠复绕"的水网地带，不利于兵马行军，因此对海防也不无裨益。民国七年（1918年），因"宣九闸的旧式闸板启闭失宜，有碍宣泄"，遂将分块闸板的滚水坝改为整块闸板的减水闸，并更名为九宣闸。闸旁立清直隶总督李鸿章为此闸撰文书写的碑文。

2013年，九宣闸由天津市人民政府公布为第四批天津市文物保护单位。

唐官屯火车站

　　唐官屯火车站位于天津市静海区唐官屯镇军民南街津浦铁路线西侧，清光绪三十四年（1908年）至宣统二年（1910年）间建成使用。

　　主要建筑候车室坐东朝西，砖木结构，主体一层，平面长20、宽10米。人字坡顶，红色板瓦，绿色门窗。门上方正中写有"唐官屯站"四个字。

　　唐官屯镇是因漕运而兴盛起来的古镇。著名的九宣闸坐落镇中，南运河、马厂减河流经镇区，京沪铁路、京福高速公路穿过镇区，素有"天津南大门"和"津南第一镇"之称。津浦铁路于此设站，说明唐官屯镇重要的经济地位，此站与天津西站、静海火车站、杨柳青火车站等构成系列的津浦铁路遗存。

　　2013年，唐官屯火车站由天津市人民政府公布为第四批天津市文物保护单位。

492

火车站围墙装饰

唐官屯火车站候车室正面

火车站铁轨

孙氏宗祠

孙氏宗祠位于天津市静海区台头镇幸福村，始建于民国十五年（1926年），历时3年建成。

建筑坐北朝南，东西长28、南北宽23米。由孙氏四大门族人集资，孙秀峰等人承办。祠堂正殿高10米，入口处原有台阶十余级，日后湮没。正殿面阔三间，共有18扇隔扇门，以门代窗，青瓦屋面，飞檐，屋顶有五脊六兽，保存较好。两侧各有一间耳房。宗祠前现有孙氏族人所立石碑四块。正殿前的一对石狮子为李莲英从皇宫运出，后转二堡郭家，再归孙氏所有。

2013年，孙氏宗祠由天津市人民政府公布为第四批天津市文物保护单位。

院内石碑碑文

孙氏宗祠正殿正立面

正殿垂脊角兽

正殿翼角

正殿大门装饰画

大门

独流木桥

独流木桥位于天津市静海区独流镇兴业大街，南运河之上。初建于民国时期，长32、宽5米。该桥为木质结构，两侧有护栏19根，材质为黄花松，护栏涂有绿色油漆，下有桥墩四组，桥墩南侧有迎凌柱两组。独流木桥属京杭大运河遗产的一部分，也是天津市现存乡土建筑中的重要遗存。

2013年，独流木桥由天津市人民政府公布为第四批天津市文物保护单位。

支撑结构细部

独流木桥全景

桥面形式

文化部静海五七干校旧址

　　文化部静海五七干校旧址位于天津市静海区团泊镇薛家房子村西侧。五七干校于1969年9月下旬创办于河北省怀来县，1970年1月迁至河北省宝坻县。1970年6月河北省军区宣传队进驻，后因宝坻地势低洼，交通不便，于1970年9月迁至静海团泊洼。干校内原有12个文艺单位，包括8个协会以及戏曲研究室、电影剧本创研室、音乐出版社、音乐研究所等单位。当时有学员627名，知识青年57名。

　　干校旧址现存建筑包括北校舍、门柱、南校舍、仓库、农机房和宿舍。门柱两侧字迹模糊，大院墙体字迹剥落，隐约看清"深挖洞，广积粮"等字。诗人郭小川在此写下著名的《团泊洼的秋天》。五七干校是特定历史时期的政治产物，具有深刻的时代烙印，是一个时代的历史折射。

　　2013年，文化部静海五七干校旧址由天津市人民政府公布为第四批天津市文物保护单位。

旧址大门遗存

旧址周边环境

旧址民宅

天津广播电台战备台旧址

　　天津广播电台战备台旧址位于天津市蓟州区下营镇青山岭村东北 1 公里的山洞内。洞口向西，洞前有长白公路，周围为高山。旧址建于 1966 年，洞深 305 米，大小房间共计 21 间，最大的房间面积 140 平方米，总面积 1800 平方米。洞内四季恒温，有水库、卫生间、播音室、宿舍等房间，播音室内全套播音设备保存较好。洞口改建成仿古式样，洞口两侧建有房屋 6 间，现无人使用。战备台是特殊历史时期加强国家防御的产物，具有鲜明的时代特征和爱国主义教育意义。

　　2013 年，天津广播电台战备台旧址由天津市人民政府公布为第四批天津市文物保护单位。

天津广播电台战备台旧址外景

旧址入口

广播设备

设备仪表

设备铭牌

天津工商学院旧址建筑群

天津工商学院旧址建筑群位于天津市河西区马场道 117—119 号。

旧址始建于 1921 年，初名为天津工商大学，1933 年更名为天津工商学院，1948 年改称私立津沽大学，1951 年改称国立津沽大学。1952 年撤销后所属三院参与院系调整，其文学院于原址组建天津师范学院，1958 年更名为天津师范大学，1960 年改为河北大学，1970 年迁至保定。1974 年天津外国语学院在此接续办学，2010 年更名天津外国语大学。

办公楼、化学实验室内景

宿舍楼外景

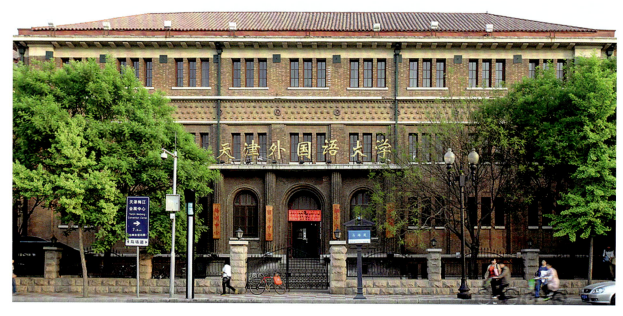

附属中学教学楼正立面

附属中学教学楼背立面

附属中学教学楼内景

　　现存的天津工商学院时期建筑为多位中外建筑师设计，天津地方营造厂施工，既有欧洲古典主义风格，也有现代主义风格。建筑以钢筋混凝土混合结构和砖木混合结构为主。建筑群包括主楼、博物馆、教学楼和学生宿舍楼，几乎涵盖了大学校园所应具备的全部建筑类型，且传承有序，是近代大学的典型代表，具备极高的历史、艺术、科学、社会和文化价值。

　　2020 年，天津工商学院旧址建筑群由天津市人民政府公布为第五批天津市文物保护单位。

教员楼

教员楼正立面

东天仙戏园旧址

　　东天仙戏园旧址位于天津市河北区建国道121号,清光绪十六年(1890年)始建。初由戏班人李永发、李永庆组织搭盖简陋席棚,招徕部分艺人演戏。1909年改建成砖木结构的旧式戏园,更名为东天仙茶园,或称东天仙舞台。1919年重修后更名为东天仙戏院。1931年翻盖为二层建筑,次年开业,改称东方大戏院。1936年改名天宝戏院。

　　东天仙戏园旧址为主体二层的砖木结构建筑,带局部四层塔楼,建筑面积2361平方米。剧场正门有高大罗马立柱,场内有1300个座位,在当时属于较大型的演出场所。东天仙戏园旧址是天津较早的戏园之一,著名演员谭鑫培、梅兰芳等曾在此演出,具有较高的历史、文化价值。

东天仙戏园旧址外景

2004 年，东天仙戏园旧址被天津市河北区人民政府公布为"已公示不可移动文物"；2013 年，公布为天津市河北区文物保护单位。

2020 年，东天仙戏园旧址由天津市人民政府公布为第五批天津市文物保护单位。

旧址入口

旧址门厅吊顶细部

旧址内部大厅

清户部造币总厂旧址

清户部造币总厂旧址位于天津市河北区中山路159号,建于清光绪三十一年(1905年)。该厂初定名为铸造钱币总局,由户部直辖,后改为户部造币总厂、度支部造币总厂等,确立国家级造币中心的地位。最初主要铸造铜元,民国后铸造银元。

光绪二十九年(1903年)为整顿币值,筹设造币总厂,光绪三十一年(1905年)在津建成。引进美、德、日等最新机器设备和管理方法,为清末国内规模最大、设施最精良、技术最先进的造币厂,成色、设计、质量均为全国一流。1906年,户部决定裁撤各省部分造币厂,仅留9厂,一律由造币总厂颁发祖模,促进了币制的统一。1910年,清政府下令将铸造权收归中央,将各省银元铜元造币厂一律裁撤,统归造币总厂铸造,并设6处造币分厂,由造币总厂管辖。1912年,度支部造币总厂恢复,并与度支部造币津厂(原北洋银元局)合并,更名为财政部天津造币总厂,设备之精良、组织之完备,为全国造币之最。

清户部造币总厂旧址全景

旧址大门正面全景

旧址四合院之一

1914年，根据北洋政府《造币厂管制和章程》，造币总厂设在天津，分厂设在南京、上海、武昌、长沙、成都、广州、云南和辽宁。北洋政府同时规定袁世凯头像银币为国币，造币总厂将新铸的壹圆银币祖模颁发给各分厂开铸。北洋政府时期，造币总厂还为孙中山、袁世凯、段祺瑞、曹锟、张作霖、徐世昌、张学良、褚玉璞等政要、名人铸造了少量名人金银纪念币。1927年后，中国造币中心南移。1933年，国民政府实行废两改元，规定银本位币的铸造权专属于设在上海的中央造币厂，各地造币厂一律废停。

清户部造币总厂旧址布局为多进四合院，以东西向箭道间隔贯通。现存单体文物14处，占地面积1万多平方米，包括3个完整四合院、1座西式办公楼、1座拱券门楼，均为当时的办公用房。3个完整的四合院为砖木结构，硬山顶。正房面阔五间，进深三间，前出廊或"勾连搭"式。厢房面阔三间，进深一间。西式办公楼为二层平顶砖木结构建筑。拱券门楼砖雕花饰犹存，

旧址四合院之二

旧址四合院之三

旧址西式办公楼

上有吴鼎昌书"造币总厂"汉白玉门额。清户部造币总厂是当时全国机制币铸造中心，也是全国最大的银元生产基地和祖模设计雕刻国产化的发轫地，在近代币制改革进程中具有重要地位。

2020 年，清户部造币总厂旧址由天津市人民政府公布为第五批天津市文物保护单位。

宁 园

宁园位于天津市河北区中山北路1号，清光绪三十二年（1906年）由袁世凯委派周学熙筹办，次年开湖建园，原为种植园，名鉴水轩，是促进天津农业发展的田园游赏园。直隶农事第一试验场、农艺研究会和北洋气象观测站皆设在园内。1931年，北宁铁路局购买此园，并将毗邻的河北第一博物院和天津总站的空地划入公园，改称宁园，取"宁静以致远"之意，占地面积约45万平方米。有亭、楼、廊、榭等仿古建筑，景色十分幽雅。

宁园大门

园内长廊

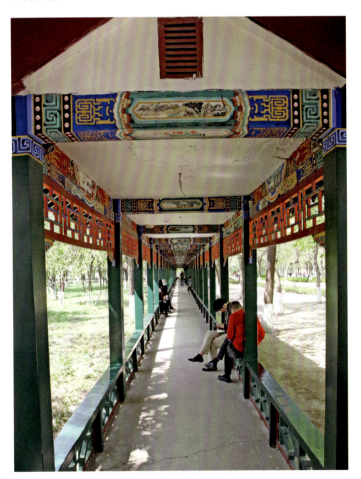

长廊内景

园内现存文物单体建筑有长廊、湖心亭（原李公祠遗存）、大雅堂、礼堂（宏观楼）、四面厅、钓鱼台、西式水塔（鸽子楼）等。另有原李公祠遗存假山石、原天津博物院丹陛石等观赏石以及《宁园》纪事碑和金代石狮等碑碣石刻文物遗存。该园为清末天津规模最大的人工园林和最早的大型公共园林，历史文化底蕴丰富，保存较完整，有较高的历史文化价值。

2020 年，宁园由天津市人民政府公布为第五批天津市文物保护单位。

宏观楼正立面

大雅堂

大雅堂正立面

钓鱼台正立面

钓鱼台背立面

514

鸽子楼

湖心亭

秀兰轩

金代石狮

鲍贵卿旧居

鲍贵卿旧居位于天津市河北区平安街 81 号，建于 1920 年。1920～1921 年，鲍贵卿以"积德堂鲍"的名义购得两幢楼房，占地八亩。买入后他亲自设计与监工，改建成为一座豪华的花园住宅，即为此旧居。

鲍贵卿（1867～1934 年），字廷九（霆九），辽宁人。19 岁时投到淮军总兵叶志超麾下，深为叶志超器重，后送入榆关随营武备学堂、天津北洋武备学堂工程科学习，后历任管带、统带、协统等职。辛亥革命爆发后，鲍贵卿在段祺瑞的推荐下，屡屡晋升，成为北洋军阀时期的重要人物，曾任黑龙江、吉林督军、陆军总长等职，成为奉系军阀中的重要一员。后因与张作霖矛盾重重，提出辞职，蛰居津门。1927 年张作霖就任陆海军大元帅，掌握

鲍贵卿旧居主楼全景

主楼内楼梯

东楼

北京政权后，聘其为顾问及北京政府审计院院长。1934年3月，鲍贵卿在北平因病逝世，终年67岁。其子鲍毓麟于1946年任东北挺进军总司令部中将参议，1947年出任北平市参议会参议员。1948年12月，其在北平成功掩护从天津来的中国共产党冀中军区敌工部工作人员刘子明等人，为北平和平解放做出了贡献。

该旧居由主楼、东楼、南楼三栋建筑围合形成院落，并与毗邻的王占元宅院互通，以应不测。建筑面积约7600平方米。主楼为三层带地下室的砖混结构楼房，青砖清水墙。一、二层为罗马混合式双柱支撑。楼顶平台筑亭子三座，分别为中式攒尖顶凉亭、西式盔顶方亭、西式方柱方亭。楼内装修考究，多用镂空木雕传统花卉。

2004年，鲍贵卿旧居被天津市河北区人民政府公布为"已公示不可移动文物"。2013年，被天津市河北区人民政府公布为河北区文物保护单位。

2020年，鲍贵卿旧居由天津市人民政府公布为第五批天津市文物保护单位。

主楼内走廊

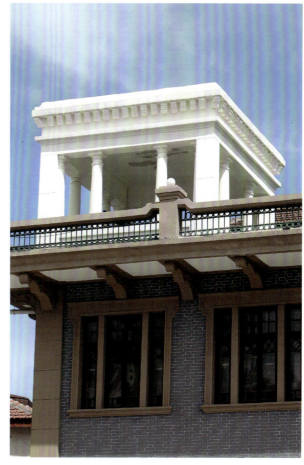

主楼攒尖顶凉亭   主楼西式凉亭

主楼内楼梯及地砖

七人军事会议旧址

七人军事会议旧址位于天津市河北区胜利路 20 号，建于 1920 年。旧址原为龚心湛住宅，他历任安徽财政厅厅长、北洋政府财政总长兼代理国务总理、内务总长、交通总长等职。1937 年，抗日名将李文田租用此宅。

李文田（1894～1951 年），字灿轩，毕业于保定陆军军官学校六期步科，曾任滦河兵工厂总监、团长、旅长等职。

张自忠任天津市市长时，李文田任天津警备司令兼公安局局长，1937 年 4 月，张自忠赴日访问期间，由李文田任天津市代理市长。当时驻守天津的是国民革命军第 29 军第 38 师，"七七事变"爆发后，张自忠只身离津赴北平与日本人谈判，天津军政事务由李文田主持。7 月 27 日，29 军军长宋哲元拒绝了日军的"最后通牒"，李文田立即决定与敌交战，并紧急召集 29 军 112 旅旅长黄维刚、天津保安司令刘家鸾、天津保安总队队长宁殿武、手枪团团长祁光远、独立 26 旅旅长李致远及天津市政府秘书长马彦翀六人在此宅内开会，宣读宋哲元通电，议定参加 29 军抗战。六人一致推举李文田为总指挥，刘家鸾为副总指挥。全体 38 师官兵服从李文田统一领导，并签署发布了由上述七人签名的《喋血抗战，义无反顾》宣言。此次会议史称"七人军事会议"，自此打响天津抗战的第一枪。天津首战虽然失败，但仍给日军以重创，并避免了 38 师力量的流失。

旧址为主体二层带地下室的砖木结构建筑，建筑面积约 750 平方米，坡顶出檐，南侧半圆露台，东侧外跨平顶门厅。

2020 年，七人军事会议旧址由天津市人民政府公布为第五批天津市文物保护单位。

七人军事会议旧址全景

七人军事会议旧址侧面

天津市
文物保护单位概览

An Overview of Major Historical and Cultural
Sites Protected at the Municipal Level in Tianjin

其 他

Others

义和团纪庄子战场

　　义和团纪庄子战场位于天津市河西区紫金山路卫津河纪庄子桥西。1900年，八国联军入侵天津。同年7月9日，义和团团民与英、俄、日等国侵略者组成的联军在纪庄桥西一带鏖战，英勇抗击侵略者，团民们赤手空拳，竞打头阵，上千名团民和百姓英勇牺牲。该遗址原竖有天津市人民政府修建的纪念标志碑一座，立于1982年7月9日，占地面积27平方米，碑牌底座为天然石材，碑牌大理石上刻有"义和团纪庄子战场"字样，周围由水泥石柱和铁链围绕，后改成青砖砌筑。

　　1982年，义和团纪庄子战场由天津市人民政府公布为第一批天津市文物保护单位。

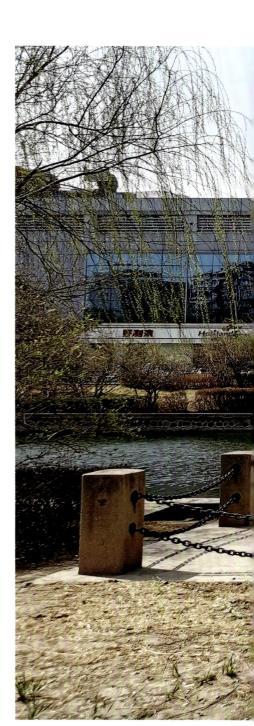

义和团纪庄子战场纪念碑旧照

义和团纪庄子战场纪念碑全景

红灯照黄莲圣母停船场

红灯照黄莲圣母停船场位于天津市红桥区归贾胡同北口。1900年，义和团运动兴起，红灯照是义和团青年妇女组织。红灯照首领为船民林黑儿，自称"黄莲圣母"，于南运河停船处设水上坛口，组织妇女进行反帝斗争，在维护治安、传递军情、捉拿奸细、抢救伤员等方面颇有贡献。当年停船遗迹现已无存。

1982年，红灯照黄莲圣母停船场由天津市人民政府公布为第一批天津市文物保护单位。

红灯照黄莲圣母停船场简介

红灯照黄莲圣母停船场周边环境

王兰庄天津学生抗日救亡义务教育点纪念地

王兰庄天津学生抗日救亡义务教育点纪念地位于天津市西青区李七庄街王兰庄村。1935年12月9日，"一二·九"抗日救亡运动爆发，北平的爱国学生在中国共产党的领导下，举行了大规模的抗日救国示威运动。天津、上海、西安等地的学生也纷纷响应，并迅速发展成为全国各界的抗日救亡运动，成为影响全国政治局势的重要力量。期间，在党的领导下，天津地区的学生以王兰庄村为基地，在天津市郊及周边地区开展抗日救亡义务教育工作，以为国家培养抗日骨干为目标。此外，还在王兰庄村发展了一批共产党员并建立了津郊最早的党支部——王兰庄村党支部，推动了津郊抗日救亡运动的发展。

1986年，王兰庄天津学生抗日救亡义务教育点纪念地由天津市人民政府公布为天津市文物保护单位。

王兰庄天津学生抗日救亡
义务教育点纪念地周边环境

天津"一二九"抗日救亡运动纪念馆

聂士成殉难纪念碑

聂士成殉难纪念碑位于天津市南开区八里台聂公桥西侧，始建于清光绪三十一年（1905年）。聂士成（1836～1900年），字功亭，安徽合肥人。武童出身，后入淮军，因屡立战功升为总兵。甲午战争中，因其战绩卓著，晋升为直隶提督。1900年，八国联军入侵天津，聂士成率部守卫，督战于城南八里台，壮烈殉国。

光绪三十一年为其立碑纪念，谥号"忠节"。碑亭为花岗岩石砌筑，碑芯高1.6、宽1米，正面镌刻楷书"聂忠节公殉难处"。20世纪60年代碑亭被拆，碑芯埋于地下。1984年，碑芯被挖出后在八里台复立，并增高台基。

1997年，为庆祝香港回归，另立记事碑一块附于此碑背后。21世纪初，因修建地铁纪念碑重建。纪念碑现包括两部分，下部为台基，上部立聂士成骑马雕像，通高5.6米，地面以花岗岩石砌筑。

1991年，聂士成殉难纪念碑由天津市人民政府公布为第二批天津市文物保护单位。

聂士成殉难纪念碑全景

解放天津会师纪念地

　　解放天津会师纪念地位于天津市河北区建国道西端，与南开区水阁大街相连，是指以金汤桥为中心的海河上下游地区。1949年1月14日上午，人民解放军向国民党天津守军发起总攻，打响解放天津战役。1949年1月15日，中国人民解放军东北野战军四个主力纵队解放天津时，在金汤桥胜利会师。

　　1991年，解放天津会师纪念地由天津市人民政府公布为第二批天津市文物保护单位。

解放天津会师纪念地全景

入口

桥面形式

崔庄古枣园

　　崔庄古枣园位于天津市滨海新区大港街道太平镇崔庄村，南临娘娘河，北接津港公路，西临津汕高速。明代初期山东人刘洪始创，清乾隆年间被钦定为"贡枣"，遂成为皇家贡品至清末。原整个崔庄村坐落在枣园内，20世纪六七十年代砍伐了部分古枣树。现存古枣园占地约100万平方米（1500亩），有六百年枣树168棵、四百年枣树3232棵、一百年枣树13000棵。

　　古枣园历经6个世纪，冬枣种植历史悠久，为明代古果树的重要实物遗存，具有鲜明的传承性。这些古枣树树体健壮、生长结果正常，堪称冬枣树的"活化石"。且古枣园的栽培和管理方式也形成了当地特有的社会组织与民俗体系，衍生出与冬枣相关的饮食文化、风俗习惯、行为方式和历史记忆等。此外，在崔庄庄内发现清代古井及残存的汉、元时期残砖，说明早在汉代这里就有人类活动。

　　2013年，崔庄古枣园由天津市人民政府公布为第四批天津市文物保护单位。

枣林

古枣树